Askeleesi valoa kohti

Äiti
Helena Söderlund

Tytär
Niina Mikkonen

Poika
Kuvitus: Aaron Söderlund

Kustantaja: BoD – Books on Demand, Helsinki, Suomi
Valmistaja: BoD – Books on Demand, Norderstedt, Saksa

ISBN NO: 978-952-80-8271-2

Kirjailijaesittelyt:

Olen Helena Söderlund. Aloitin runojen kirjoittamisen kolme vuotta sitten, kun Taivaan Isä yhtäkkiä antoi minulle lahjan kuunnella Häntä ja kirjoittaa kuulemani runon muotoon. Isä on käyttänyt vajavaista astiaansa ja jakanut runojeni kautta toivoa ja lohdutusta sekä rohkaisun sanoja. Niiden kautta voi löytää uutta virvoitusta uskon tien vaellukselle sekä vertaistukea myrskyn silmässä kamppaileville.

Runoni kertovat läpinäkyvästi, millaista on olla Taivaan Isän tyttärenä ja kulkea käsi Hänen vahvassa kädessään, aina. Tahdon, että Hän yksin, saa kaiken kiitoksen ja kunnian. Rukoilen, että jokainen kirjamme lukija tulee siunatuksi ja saa ammentaa siunauksia Elämän Lähteestä

Olen Niina Mikkonen. Sain lahjan kirjoittaa runoja Jumalalta yllättäen kaksi vuotta sitten. Kuulen lauseita, joista muotoutuu runoja. Ihmeellistä ja toivoa antavaa niin itselle, kuin niille, joille olen saanut runojani jakaa. Jumala puhui minulle runokirjasta jo ennen kuin itse olin yhtäkään runoa kirjoittanut. Kun runoja alkoi tulla, olin heti aivan varma, että näistä tulee tehdä kirja. Aloimmekin pian äitini kanssa työstämään kirjaa ja tässä se nyt on.

Olit missä elämäntilanteessa tahansa, toivon, että kirjamme voi auttaa sinua ottamaan askeleita valoa kohti, Häntä, joka ansaitsee kaiken kunnian.

USKO

Avaan sydämeni

Avaan sydämeni esiripun,
tuon hyvin paksun,
pölyisen ja tunkkaisen,
vuosien saatossa jo kellastuneen.

Avaan ikkunan, tuon,
jonka edestä ensin poistan hämähäkinseitit.
Kirkas valo tulvahtaa sisälle,
näen kauniin kesäisen maiseman.

Tutkailen sydämeni nurkkia,
jotka valon tulviessa
näyttävät niin ummehtuneilta.
Miten mattokin on noin likainen?

Nurkassa seisoo repeillyt pahvilaatikko.
Olen raahannut sitä nurkasta nurkkaan
koko elämäni.
Se on painava.
Siinä lukee -taakat!
No, sinne mahtuukin!
Syntiä, katkeruutta, valheita, hylkäämistä,
pahoja, niin pahoja sanoja!

Raahaan laatikon keskelle huonetta
niin että valo koskettaa sitä.
Epätoivo valtaa mieleni.

"En halua tätä laatikkoa enää, en halua en halua! ",
kuulen huudon kaikuvan sydämeni tyhjissä kammioissa.

Yhtäkkiä esirippu heilahtaa, Astut sisään!
Läsnäolosi ja Valosi puhdistaa huoneeni
Otat laatikon, sen painavan ja pölyisen ja sanot.

" Se on täytetty".

Helena

Uskon askeleet

Uskon askeleet,
ne pienet siemenet,
ne, joita ämpäreittäin heitetään eteesi
Istutatko,
vai heitätkö ojaan?
Katso,
kun niistä koostuu suuria vanoja,
niin silmiin kantamattoman pitkiä,
ettet näe loppua,
mutta ei sinun tarvitsekaan,
sillä Kuningas,
Hän muovaa ne askelmiksi
ja ne tulevat yksi kerrallaan
aivan eteesi

Ne kasvavat kuin kultaiset jyvät,
kaataen kaikki esteet edeltään
Ne kuninkaan kohottamat valtavat askelmat
Nousevat esiin piiloistaan

Reunoissa kultaa ja päällä Sanat:
Tule, kun kutsun sinua täältä ylhäältä

Siis hyppää
Kiipeä
Juokse niitä pitkin,
niin näet valtavan viisauden tulevan yllesi,

vaikka näyttäisi siltä,
että ne loppuisivat kesken,
että hyppäisit tyhjään kuin kallionreunalta

Älä luovuta silloinkaan
Usko ainoastaan,
että kyllä ne portaat siellä ovat
Silloin
Kohoat
Taas askeleen ylöspäin
Hän kyllä vie sinut haluamaansa

Kylvän matkalla lisää
Lisää uskoa, Isä!
Heittelen ympäriinsä siemeniä
Tämä on niin kaunista
Sädehdin,
kun kultaa pöllyää päällenikin

Sanot
Tule Syliini
Vuodata kaikki
kyyneleesi Minun käsiini
Ne verellä tahratut,
mutta nyt puhdistetut,
saavat olla esimerkkinä jokaiselle,
että jos koskaan, milloinkaan,
mikään sinua satuttaa,
Minä tulen väliin
ja parannan haavasi kädelläni

Sillä uskon teot,
uskon sanat,
ne uskomattomat viljasadot
ja pienet alkujyvätkin
saavat Siunaukseni,
kasvaakseen aina vain suuremmiksi

On leikkuun aika
ja kun nyt olet matkalla,
Voin kertoa sinulle

Valmistaudu,
sillä uusi askelma,
on jo nousemassa

Niina

Ensimmäinen askel

Sen ensimmäisen askeleen otathan sen
vai tahdotko vielä kävellä empien?
Haluatko peruuttaa
ja heittää kaiken olan taa?
Ylpeydessäsi väität,
ettet Minua tarvitsekaan?

Ei kannata,
sillä kohta on valmista,
portaat taivaaseen ovat jo avoinna

Astu siis rohkeasti,
ota ensimmäinen askel
Matkasi turvaan
kohti uutta ja hurmaavaa

Kiivetessäsi Kysyn sinulta
Oletko jo valmiina?
Vastaanottamaan Isän rakkautta
Ikuisesti ja valtoimenaan
ja minä,
varmasti astellen,
kiipeän kohti korkeutta kirkasta

Häikäisee ja lämmittää,
minua vähän jännittää

Tiedäthän Isä sen,
tätä päivää olen odottanut ikuisuuden

Kiivetessäni mietin suuruuttasi ja miten paljon onkaan vielä
nähtävää,
enhän edes tiedä onko siellä uusia värejä

Sitten näen sen,
portin kultaisen
Saranat suuret sekä ovet niin uudet,
ne edessäni avautuvat,
kutsuvat todistamaan,
Sitä kaikkea mitä Minussa sait aikaan

Mielikuvat siitä,
etten mihinkään riitä,
Näytit turhaksi, kun Sinuun turvasin
Kerrot minulle,
tulet saamaan niin silmiin kantamattomasti siunauksia, ettei
siellä mikään riitä
ja minä mietin
Oi, jos olisinkin jo siellä!

Kerrot,
pian saamme olla yhdessä ikuisesti
Kiivetään yhdessä taivaaseen asti

Niina

On uuden aika

Valmistaudu

On aika uuden alun
Seikkailun,
kanssa Isän ja Pojan

Äläkä arkaile,
vaan nyt ylös jalkeille katsomaan Mestarin aikeita

Puhalletaan kaikki yhteen hiileen,
hohkaavaan rakkauden hiillokseen,
jonka lämpö ei polta,
ei sinua satuta
Saat astella niillä kivillä
Turvallisesti ja tuntien
Isän rakkauden
ja minä
kevyesti hypellen
näillä kivillä vain astelen,
kivillä Isän omien sankareiden

Kukaan ei voi niitä hajottaa
sillä lujaksi ne on tehty,
mittaamattoman korkeiksi kallioiksi

Sanot
Nyt varovasti

Katson kyllä,
ettet jalkaasi kiveen loukkaisi

Vielä vähän aikaa
Maltatkohan odottaa,
sillä Mestari on jo matkalla pelastamaan

Vielä näet sen taivaan valon,
kun Hän hevosellaan saapuu
ja saat nähdä kuinka vuoretkin siirtyvät
Hänen tieltään

Silloin paeta et pysty,
kaikki tiet on tukittu
Olet valinnan edessä,
tulella leikitkö vai seuraatko pelastustietä?

Tein päätöksen
ja Sinuun turvauduin
Nyt en enää arkana pälyile,
enkä yritä turhaan yksin kiivetä

Sillä enhän ylös pääsisikään ilman Sinua

Niina

Kuljen vierelläsi

Viimeistä kertaa vierelläsi Istun,
kuiskaan
Saat siihen selityksen

Sillä nyt on aika astua esiin,
aloittamani työn Vien aina päätökseen
Sen tarkoin varjellun piirroksen aiheen
Piirrän valmiiksi
ja sen pystyn piirtämään pimeässäkin
sillä pimeydessä ei ole mitään mitä Minä en voisi nähdä

En jätä sinua milloinkaan,
vaan tietysti Nousen vierellesi seisomaan
Silloinkin kun sinusta tuntuu,
että maa altasi pettäisi,
mutta ei
silloin Nouset siivillesi
ja katso
Minä menen edelläsi

Opetan sinut lentämään
kohti valoa
Sitä aikaa jota kovasti odotan

Vielä on matkaa,
säteet koittavat jo sinut savuttaa
Määränpää häämöttää niin lähellä,

vähän jo häikäisee

Niiden säteiden avulla voit nähdä sen lähteen
jonka sisältä saa jääkin hävitä
säteiden sulattaessa kaiken sen ympäriltä

Siitä lähteestä kumpuaa elämä,
vaikka sitä yritetään välillä jäädyttää,
mutta eihän sillä jäällä ole mitään
mahdollisuutta värejä vastaan,
joita sinä käytät

Sillä pimeässäkin Näet sävyjä,
häviävän värikästä loistetta
Siitä koit kaikkoavat ja tilalle tulevat perhoset,
jotka riemuitsevat, kun piirtämäsi kuvan näkevät
Tekevät työtänsä tärkeää,
pitävät värit ennallaan
Kirkkaina,
jotta se jaksaa loistaa

Nyt on aika astua uuteen
Lähteä liikkeelle ja viedä Kirkkauttani kaikkialle
Nyt lapseni
Liiku
ja lennä niin kuin lintu
sille paikalle, jonne minä sinut asetin,
mutta parvessa
sillä eihän yksin kukaan kauaa jaksa

Tunne nostattava voimani
joka kohottaa sinut omaan asemaasi
sillä tiedä
Siipesi yltävät,
kun vain niitä käytät

Jokainen sulka on käsin tehty,
joten et erehdy

Sinulla on kaikki mitä tarvitset,
ota oma paikkasi
ja kotkan lailla arvokkaasti liitäen
vie sanomaani eteenpäin,
ylpeydellä kantaen uskoasi
jonka olen asettanut siipiesi päälle

Vaikka taivaalta sataisi tulisia pisaroita,
ne eivät sinua polta
Sillä kotkan siivet ovat tehty kestämään
Tulikastetta

Silloin jäävuoretkin sulavat edeltäsi,
etkä voi törmätä niihin,
vaikka koko maailma pimenisi

Niina

Sinapinsiemen itää

Päätän!
Uskollani minä sen teen,
siirrän tämänkin järkäleen,
mokoman tien tukkeen

Kaivelen sinapinsiementä taskuni pohjalta
Mitä! Ei yhtään uskoa jäljellä!

Isäni! Tarvitsen sinua!
Tule auttamaan heti paikalla.
Tässä vuoressa on ihan tarpeeksi
hommaa kahdelle

Kuulehan, kuulehan lapseni,
Annan sinulle voiman lukea sanaani,
tarttua lupauksiini

Uskosi voimaantuu kokonaan,
kun aloitat näin
sota-asuasi vahvistamaan
Annan sinulle miekan terävän,
sitä tarkoin lapseni käytäthän

Kohta huomaat vuorten siirtyvän,
järkäleistä ei jää jälkeäkään
Kukistat tuon vihollisen,
entisen jättiläisen,

joka aurinkosi peitti,
uskosi sen kauas heitti

Nyt aurinkoni paistaa
ja valaisee polkusi
Saat astua varmasti ja rauhaisasti
kohden päämäärääsi,
ja tahtoani

Sinapinsiemen versoo
ja kasvattaa suuren puun
Siitä aivan aivan
Uutta avautuu

Helena

Matka kanssani

Tehtävänäsi on
kulkea siellä missä
hyvä pysyy aina ympärilläsi
Näkymättömänä,
mutta tiedät, se on kyllä siinä,
varmasti pysyy,
aina leijuen ympärillä

Vaikket sitä näe,
tiedä,
se ei pakene
Vaikka tulisi mitä eteesi,
ei ole mitään pelättävää,
sillä hyvä voittaa aina pahan,
vangitsee pelkosi pois itselleen
Ottaa huolet mukaansa ja heittää
ne Eteeni

Pysy siis siellä missä on hyvä olla,
leiju Kanssani ja katso,
on rauha,
sillä vaikka sataisi kaatamalla
ja joku tulisi ja tarjoaisi sateenvarjoa,
älä mene sille tielle,
eksytyksen reitille,
sillä rankkasade kastelisi sinut silti

Se tulee kuin varkain ja ujuttaa vähän,
ota tästä varjo, niin et näe Häntä!

Pyyhi sellaiset tiet pois mielestäsi,
niin olet palkintopallilla pian ensimmäinen,
sillä jokaiselle on tarjolla
paikka parhaimmasta,
Taivaan Isän omasta voitonjuhlasta

Joten antaa sataa vaan,
sillä lopussa voittajat palkitaan
He, jotka luottivat Jumalaan,
saavat kaulaansa riipukset
Ei suorituksen hienoudesta,
ei vauhdista tai taidoista,
vaan uskollisuudesta Isään
ja Hänen lupauksiinsa

Siis asetu lähtöviivalle
tai jatka kulkemista
Missä oletkaan tällä matkalla,
olet oikealla paikalla
Näe, loppu häämöttää,
jaksat kyllä

Sillä palkintona on ikuinen elämä

Niina

22

Odota vielä

Voi miten suurta
Voi miten kaunista
Voi katso nyt, miten taakat saavat kaatua Painostasi
ja minä nostan
tilalle sen astian,
josta ammennan
joka päivä
iloa, kiitollisuutta

Kaikkea sitä toivoa niihin,
mitä haluan nähdä
pian tapahtuvan,
mutta
Ei auta hoputtaa,
Ei muuttaa suuntaa
Ei mitään järkeä olisikaan yrittää
päästä yläpuolellesi, Isä,
sillä Sinä olet jo edeltä määrännyt
kaikkien päivien kaikki työt
Vastaukset, tulevaisuuden
kaikki ihmeelliset teot

Anna Hänelle valta
Hän tietää mikä on sinulle parasta,
sillä näin suurta Sydäntä
et muualta löydä

Hän sanoo
Malta vielä vähän
sillä tähän tilanteeseen et tule jäämään,
vaan Minä Aion täyttää astiasi,
niin että se tulvii yli laidan

Niin
Senhän pitäisi olla selvää,
tottakai haluan tehdä Isä niin kuin Sinä määräät,
vaikka välillä se onkin hyvin vaikeaa

Tekisi mieli hyppiä tasajalkaa,
kun tuntuu ettei tapahdu mitään
Itkeä silmät päästäni, kun ei vieläkään,
mutta kerrot,
odota, odota vielä,
se on jo niin lähellä
Ota kynä ja kirjoita lupaukseni ylös seinälle

Usko niiden tapahtuvan!
Julista voittoa yllesi,
silloin kaikki pahan nuolet
palaavat tyhjinä takaisin

Vielä näet sen päivän jolloin
sumu häviää yltäsi
ja astut valoon,
Kirkkauteen,
Minun kanssani

Niina

Sinä olet kaiken lähde

Auringonsäteitä

Niiden päämääränä
on osua jokaiseen ihmiseen maan päällä
Tällä tavoin Sinä lämmität näin jokaisen mieltä,
osuen syvälle sulattaen sydämiä epäilyksiltä,
ettetkö muka voisi
tuotakaan sulattaa
Tässäkin on vielä sydän, se kiiltää uutuuttaan,
mutta tiedä,
yksi pieni liekki voi saada ihmeitä aikaan
ja kohta kaikki voivat olla kuin sulaa vahaa
Lämpösi on niin suurta,
se leviää hurjaa vauhtia
Saavuttaa,
ihan jokaisen,
valonnopeudella

Niin kuin tuo pallo taivaalla,
niin on myös Sinun armosi valtaisa
Ei mitään ole tehty meidän käsissämme,
vaan Sinä annat yllin kyllin
meille evästä
Kaikesta luomastasi annat tuon lämmön uutta luoda,
niin että satoa valmista
saamme pian poimia

Valaisethan meitä aina aivan
kohtisuoraan sydämiimme
Läpi kaikkien muurien löytää tiesi perille

Sillä Sinä olet kaiken lämmön lähde
Sinä ansaitset jokaisen kiitoksen
Sinulta saamme,
kaiken mitä ikinä tarvitsemme

Kuin kastehelmi maahan putoaa,
silmänräpäyksessä kaikki voi muuttua,
kun Isä, Sinä luot uutta

Mikään muu ei voi poistaa kaipuutani,
kuin Sinun läsnäolosi
Tulevaisuus kanssasi ja hetket,
ne ilon, onnen odotukset,
niistä kun täytymme ja
kaikkea tekemääsi ihastelemme

Silloin ei tarvitse enää kaivata
Ei enää odottaa toivotta

Olethan luonani
nyt ja aina

Niina

Käännyn valoon

En käänny pimeään!

Käännyn valoon,
sillä tahdon sisälle Jumalan taloon

Tahdon juhlapöytään minulle valmistettuun,
istun paikkaan nimelläni katettuun

Nimenikin on vaihdettu,
nimeen taivaalliseen,
astua saan valoon ihmeelliseen,
pukeutua juhlapukuun,
liitettynä taivaalliseen sukuun

Kultaisten katujen kimallus,
silmiäni häikäisee

Rakkauden täydellinen,
ihmeellinen
läsnäolo,
sieluni ikävän ravitsee

Rakas Jeesus,
tahdon luoksesi,
ota minut syliisi,
kanna yli kynnysten kivisten,
niin kuin sulhanen morsiamen

Oi uusi kaunis maa,
on valtavaa, sinua odottaa

Kohta juhlin enkelikuorossa,
yhdessä kymmenien tuhansien,
rakkaiden sisarien ja veljien

Ei ole siellä ikävää surua,
eikä enää vatsanpurua,
ei kipua ei hätää,
ei murhetta ei mätää

Vain Kirkkauden Aurinko
yllemme paistelee,
kun sieluni hyvyyttä maistelee

Helena

Vesi kantaa

Vesi kimmeltää,
niin houkuttelevana,
upotan varpaani kylmään veteen

Sinä seisot järven päällä,
Katsot minua lempeästi, kutsuvasti

Silmäsi, ne maailman kauneimmat ja rakastavimmat, katsovat
minuun.

Herra, entäpä jos uisin luoksesi? Vaikka kroolaisin?
Olisin niin nopeasti luonasi.

Puistat hymyillen päätäsi.
Ei lapseni. Vain vähän uskoa vaadin sinulta.

Annoin sinulle niin paljon.
Annoin sinun vuoksesi koko Elämäni.

Se uskon sinapinsiemen,
olen jo istuttanut sen sinuun.

Nouse, ota vuoteesi ja käy,
sanasi kaikuvat mielessäni!

Entä jos uppoan, entä jos,
epäilyksen hyökyaalto käy ylitse mieleni ja ajatusteni,

miltei hukuttaen tuon pienen uskon siemenen.

"Lasten kaltaisten on Jumalan valtakunta" kuulen äänesi,
"Joka ei ota Jumalan valtakuntaa vastaan kuin lapsi, se ei voi
päästä sinne sisälle".

Komennan aikuisen minäni vaikenemaan,
kutsun esille lapsen minussa

Astun veden päälle epävarmoin, mutta luottavaisin askelin
Huomaan veden kantavan

Katsot minua silmiin, rohkaisevasti

Tule vain,
se kannattaa sinua

Niin, usko on luja luottamus, totean iloiten
ja juoksen syliisi

Loppumatkan kävelemme käsi kädessä.

Helena

Aika lähteä

Tässä se tulee,
oikea hetki,
nyt on aika,
nyt on tie auki

Lähde etenemään,
Minne menetkään, Minun vaikutusvaltani yltää
Ota mukaasi
kaikki mitä olen sinulle antanut
Käytä niitä niin, kuin Minä opetin,
sillä kaikki uskon teot palkitaan,
tee siis sitä mikä tuntuu oikealta,
sillä vain yksi tie vie perille
Se on tässä,
elämäsi edessä,
jossa joka askeleella tunnet olevasi jotain enemmän

Uskalla! Mene vain
Rakkaasikin,
he, jotka valitsin
tulevat perässäsi kohta juosten

He eivät voi vastustaa
sitä hyvää, joka sinussa elää
Katsovat, mitä ihmettä teetkään!

Se leviää jokaiseen kutsuen luokseni, saa kaikki uskomaan:
Olen Tie, Totuus ja Elämä
Sinä voit olla ensimmäinen,
joka uskaltaa antaa kaiken
Ihan kaiken
Koko elämäsi

Siis seuraa Minua,
välittämättä mitä muut ajattelevat
Pian he tulevat näkemään,
että tekosi,
ne tulevat suoraan sydämestä,
eihän kukaan muu voisi saada aikaan mitään tällaista,
sillä mikä riemu, mikä ilo sinut valtaakaan!

Jokainen askel on tarkoin suunniteltu
Älä siis pelkää,
sillä Olen läsnä,
joka hetkessä,
turvallisuutena, joka kulkee sydämessä
Saat olla aina Taivaallisissa käsissä
vailla huolta,
kulkien valon heijastamaa tietä

Niina

Luotan lupauksiisi

Kuinka kiittää Sinua
voisin vielä enemmän,
tänään näin kotkan lentävän

Niin kauniisti se kaarteli ylhäällä,
en voinut kuin ihmetellä,
Sinun Suuruuttasi Jumalani

Muistutit minua,
lupauksista sanasi
Kuinka minäkin,
saan kotkan lailla liitää,
halki ilmojen, säiden muuttuvien,
huolimatta olosuhteista,
Sinua kiittää

Ylistää tahdon Sinua
Pyhä Isä!
Vielä lisää,
tahdon sinun kauneuttasi ihmetellä,
hyvyyttäsi ihastella

Olet ainutlaatuinen!
Olet jalosukuinen
Juudan Leijona,
vain sinun omanasi tahdon olla
käyskennellä yhdessä

kanssasi vainiolla,
missä taipuvat tähkäpäät,
kohta sadon runsaan nään

Täyttyvät laarit,
kun mummot ja vaarit,
äidit, isät, lapset, kaikki sukupolvet,
saapuvat luoksesi,
sankoin joukoin

Enkelitkin taivaassa,
yhtyvät kuoroon iloiten,
kun Hänen luokseen saapuu
yksikin syntinen

Kadonneet Hän tahtoo löytää,
eksyneet tuoda kotiin takaisin,
vetää jokaisen lähelleen Hän,
Hän, joka yksin antaa

Yltäkylläisen Elämän

Helena

Anna minun löytää sinut

Osaatko laskea yhteen
siis lukuun yksi
miljardien joukosta

Rakas lapseni,
Minä osaan

Etsin sinut kaikkien kadonneiden seasta,
vaikka mistä loukosta,
sinut pelastaisin

Ettei yksikään joutuisi hukkaan,
heitä ylpeytesi nurkkaan,
anna Minun löytää sinut

Rakas,
kuolin ristillä puolestasi,
että saisit elää
kanssani iankaikkisesti,
että vihollisen suunnitelmat epäät

Katso vain risti on se tie,
se taivaaseen vie,
sillä lapseni,
ainoastaan sen kautta pelastut,
ainoastaan sovituksen kautta,
kerran taivaaseen astut

Rakas lapseni,
luota Minuun,
tule luokseni,
avaa sydämesi,
niin astun sisälle

Tuon valon, tuon toivon,
Tuon puhtauden,
jollaista et olisi voinut ikinä muualla kokea,
ei enää epätoivon nokea

Lähde purjehtimaan kanssani armon jokea
ja juo raikasta vettä elämän,
koe puhtaus, jonka antaa yksin Hän,
joka antoi sinulle elämän

Helena

Piirustukseni

Piirustukseni,
sitä pitkin,
vie tiesi taivaan askelmiin,
sillä Minä piirrän ääriviivat,
maalaan monta kerrosta
ja väritän valmiiksi,
mutta tiedä,
ei sinun tarvitse osata vuorikiipeilyä
Riittää, kun vain käännät katseesi Minuun päin
ja sanot
Näytä Sinä tie,
mihin askeleemme tänään vie

Isä, tahdon lisää väriä
Tahdon uuden kerroksen joka päivä
Kannan ylpeydellä Sinut
loistokkaana,
olemmehan nyt yhtä ja samaa
värikarttaa
Sitä ikuista
samaa piirustusta,
tahdon jatkaa

Haluan oppia niin kuin Sinä,
maalaaman vaikka kädet ristissä,
sillä silloin siveltimenä toimii uskon teot ainoastaan

Haluan tehdä niin kuin kehotat,
kun sanot, piirrä käsivartesi,
niin että se yltää ylimpiinkin askelmiin,
silloin olemme kaikista korkeimmalla,
niin että katsomme samaa taivasta
ja minä huudan, Hallelujaa!

Sillä huipulla
Siellä on niin ihanaa!

Niina

Taivaallinen sivellin

Sinun sydämesi synkkä piste,
senkin Kristus valaisee,
läpi tuulen ja tuiverruksen,
Hän luoksesi
astelee

Hän astelee
askelin vakain
Hän armollinen on
Pois pyyhkii punaisella
siveltimellään,
tuon mustan tahrasi sen,
sillä armonsa riittää
se pimeyden niittää,
on voimallinen
sinutkin jaloillesi nostamaan

Väsyneelle, tahratulle, uupuneelle,
Hän tahtoo
tuoda kottikärryllisen kukkia,
ei hän katso sinun
mustia sukkia

Hän rakastaa, rakastaa aina vaan,
milloin alat, rakas, sen käsittämään?
On rakkautensa vailla vertaa,
se antaa anteeksi monta tuhatta kertaa

Ei sitä voi verrata rakkauteen ihmisen,
siksi anteeksi antaa Hän sinulle sen
mustan pisteesi,
Nouse lapseni!

Siveltimensä piirto,
on se siirto,
pimeydestä valkeuteen

Hän nostaa sinut maasta jälleen,
Hän ottaa sinua kädestä kiinni
ja kuiskaa

"Tule rakkaani,
kävellään yhdessä kotiin."

Helena

Vapaus valtaa

Oletko ottanut turhan taakan?
Painavan ja kaiken kaatavan,
joka mieltäsi kaihertaa
ja alkaa vallan ottaa

Voi niitä,
murheita, joita riittää,
mutta paina se mieleesi
on vain oikea tiesi,
sinne missä
ei ole huolen huolta,
eikä nuolta
joka läpäisisi sen seinän,
jonka rakensit kerran esteeksi,
Sinun ja valheen väliseinäksi

Nyt kiinni ovat ne valheen salvat
Vähitellen alkaa vapaus vallata
Vesiesteet ja kivimuurit,
niiden ylitse kipuan juuri
jääden sen seinän toiselle puolelle,
eikä paluuta vanhaan enää ole

Siellä kiitoslaulu
Sinulle soi,
Otithan minulta kaikki huolet pois

Anteeksi,
nyt annan periksi
Laitoin lukkoon oven
ja sinetiksi sydämen

Niina

Minussa on totuus

Valinnan vaikeutta,
vaan vielä mitä
Kaikkea riittää
Tänään tällaista, huomenna tuollaista
Mitä arvasta tuleekaan tänään?
Minkä tien valitsisin vai valitsenko mitään?

Älä heitä noppaa,
vaan heitä verkot näille vesille,
Taivaan Isän apajille
Nosta se ylös
täynnä suoraa puhetta
Totuuksia
Katso, nyt ne päin tulevat,
kuin aallot pauhaavat Sinua kumartaen,
ne yrittävät ylös veneeseemme kertoen,
vain Isä Jumala on todellinen!

Hän on meidät kaikki luonut,
kun Häneen uskomme saamme uuden univormun
Hän ottaa meidät kaikki vastaan,
eikä yhtäkään meistä kieltäisi koskaan
Älä siis kiellä Häntä
Onhan Hän Isäsi
Et ole Häntä nähnyt, mutta oppia voit iäti,
kun avaat Hänelle oven

Hän käy sisään,
sillä Hänessä on totuus
Hänessä on elämä
Hän on täydellinen ihmeidentekijä

Hän on aina läsnä,
joka hetkessä,
myös silloinkin, kun tuntuu yksinäiseltä
Hän on kuin paras ystäväsi,
joka tuntee sinut läpikotaisin
Hän kuuntelee, ymmärtää
Hänelle voit uskoutua
Hän tietää

Hän on aina siellä missä tarvitaan,
sitä turvallisuutta ei voita mikään,
siis miksi etsit jotain enempää?
Onhan Hänessä kaikki mitä tiedätkään!

Raskas lasti olisikin kannettavaksi,
jokin epäaito kuvastin
Mitä tekisit ystävällä, sellaisella,
joka ei ole oikea?
Kuviteltu, puusta tehty,
vai ehkä kivestä, sementistä?
Sitäkö mukanasi todella kantaisit,
asettaisit kunniapaikalle kotiisi,
kertoisit, tässä on Jumalani?

Vaaranpaikkoja, houkutuksia,

vääriä oppeja, noituuksia

Älä mene harhaan,
sillä tässä on tie,
joka on selvä reitti onneen

Tiedä se, Minä odotan sinua,
juuri sinua

Olethan aarteeni
Ihan oikea

Niina

Uskon matka

Ethän jätä tätä kuin
kylmältä tuntuvaa kesää?
Ethän uskoasi hylkää,
sanoen
nyt mä lähden tänään lämpimään!

Kerron sinulle,
älä vielä luovuta,
vaan pysy tässä,
sillä paras,
se on vasta edessä

Tästä se lähtee!
Suunta kohti valoa
Se ei jätä sinua ilman,
ei edes silloin,
kun näet auringon nousevan
ja sinusta tuntuu siltä kuin
olisit vielä unessa

Herää jo,
on melkein kesä!
Kedon ruohotkin alkavat saada väriä
Kaikki uudet alut,
ne sadot
Kaikki ylös kohoavat
kohti Häntä

Joka näkee,
Joka kuulee,
Hän on kaikki meidät luonut

Vilkuta sinne ylös,
niin saat katseen takaisin
ja voit tuntea hymynkin,
niin hyväksyvän
Kuulla nuo ihanat sanat jälleen,
kun Hän sanoo
Rakkaani,
silmäsi loistavat tänään niin kauniisti

Hän antaa sateen kasvattaa uutta,
tuoda voimia,
kastelukannullisia
Virkistävää,
niin ihanaa
kastetta yön jälkeen saan ammentaa

Siis herää tähän uuteen aamuun,
kuin kasvavana kedon kukkasena
Saat kaiken veden, mitä tarvitset,
mutta sinun ei tarvitse olla heti valmis,
eikä haittaa, vaikka olisit ensin pieni,

sillä uskosi matkalla
voit kasvaa ikuisesti

Niina

Sinun sateesi

Vuosien varrella olinkin
vain siksi että kaikesta voisin ottaa opiksi
Voisin muuttua,
oppia tuntemaan Sinua,
kuuntelemaan enemmän,
sitä mitä Isä Sinä haluat kertoa

Luulin ennen kaiken tietäväni
Suunnittelin etukäteen mitä tuleman pitää,
mutta tänään ei auta kuin luottaa satasella,
sillä mihin Suunnitelmasi yltävätkään,
en vielä tiedä,
mutta nyt,
vihdoinkin,
läpikotaisin haluan oppia Sinut tuntemaan

Vielä tänäkin päivänä opittavaa,
sitä riittää,
mutta tiedän, tässä vieritään
kohti jotain niin hyvää
Jokaisena vuotena
kohti parempaa ja parempaa
Kerrotkin,
kohta saat maistaa mannaa ,
jota taivaalta sataa

En voi ikävöidä menneitä,

en murehtia ajan kulua,
sillä jokainen päivä on päivä parhain
Kanssasi Isä

Olethan jokaisena vuotena Kuninkaani,
hallitset ikuisesti,
niin maassa, kuin Taivaassa
Tehtävänäsi on olla kaiken yläpuolella
siellä missä
Ei aikaa ole,
ei kulu vuodet, ei kiirehditä lain
Näkymättömissä
pilvien päällä ja täällä
voin nähdä Kätesi,
kun levität ne yllemme kupoliksi
Silloin tiedän,
olen oikeassa paikassa,
teen tärkeää työtä jalanjäljissäsi niin kuin oppipoika

Näen sen valtavana voimavarana,
ethän antaisi minulle työtä josta en voisi selviytyä
Sillä Sinä tiedät mihin riitämme,
mihin tehtävämme vievätkään
Lempeästi ohjaat meitä omille paikoillemme

Nyt se alkaa!
Päällemme pisaroita sataa pilvien välistä
Revitään rikki esirippu kaikki yhdessä!

Huudamme kohti Taivasta

Anna tulla lisää, Isä!
Meitä kaikkia kohti
jokaisen vuoden jokaisena päivänä

Niina

Valon voima

Voi niitä sanoja,
niitä mieleni tekoja,
jotka herättävät jotain niin syvältä pintaan
Ne sanat, jotka toistaa,
loistat kuin auringon kanssa kilpaa

Annat minulle sen
ja puhut ylleni rakkaudella
Kerrot,
tällä tavalla sinun pitäisi ajatella
Olet niin kuin aamun ensimmäinen kastepisara
Olet odotettu perillinen
Olet ansainnut kaiken ihailuni,
kiitoksenkin

Pyyhi pois kaikki petolliset ajatukset,
sillä Minun kanssani
sinä olet täydellinen
ja anna kun lisään mieleesi
tuhansien tähtien armeijan,
niistä saat voimaa loistaa ikuisella taivaalla

Siis säihky
Sädehdi sitä,
sisältöä jokaiselle
Kiinni pidä,
päästä irti sitten vasta,

kun tunnet maan järisevän allasi,
kun taivas repeää ja vastaan tulee itse Kuningas

Varmasti
Se totta on,
näin kirkkaus vie lopulta voiton
Olet osa jotain niin suurta,
ettet yhtäkään päivää voi hukkaan heittää
Siis nouse,
sillä jokainen päivä täytyy yhdessä viettää

Se alkaa kirkkaudella
ja siihen myös päättyy
Näin tie vie sinne missä pimeys ei voi estää,
sillä Hän antaa valon tulla
Olet rikkaampi kuin luulitkaan
sillä ylläsi kulkee koko ajan
Valtava valon voima
ja sinä sädehdit ja tunnet,
kaikki rukoukset,
ne virtaavat vierelläsi
Hyppää mukaan ja laske alas
aina voittoon asti

Kiiruhda,
sillä pian näet Valon tuojan
Hän tulee ja ottaa silloin kaikki omansa,
kun vääryys väistyy,
voitonjuhlat alkavat,
kun Isä, Hän kerää kokoon kultaisen laumansa   *Niina*

Vain yksi tie on oikea

Tavoittelen yhä sitä
Yritän ylettyä, mutta en ihan
Kiiruhdan, palaan takaisin
Edestakaisin seilaan,
en osaa pysähtyä

Miten voisinkaan,
kun pyörin kovaa vauhtia
etäämmälle Sinusta, Isä

Silloin jokin pysäyttää minut,
näen Hänet
Kristuksen
Hän seisoo edessäni
kädessään jotain hyvin arvokasta
Kirje, jossa sanotaan:

Vain yksi nimi,
vain yksi tie
Jeesus,
Hän sinut perille vie
Tässä on tie valmiina,
tule ja seuraa Häntä,
niin voit olla varma,
että koko elämäsi
muuttuu yhdessä hetkessä

Alat näkemään,
alat kuulemaan,
miten paljon Isällä onkaan sinulle annettavaa

Hänen suunnitelmansa
saavat uudet tuulet,
kun jätät suoritukset,
silloin heikkoutesikin korotetaan
ja ne taidot, mitä et tiennyt vielä olevankaan,
vapautetaan kahleista
ja vaikka olet tehnyt asioita, joita ehkä häpeät
jotka haluaisit pyyhkiä aivan pois mielestäsi,
mutta muistathan,
ettei kukaan tunne sinua paremmin,
kuin Hän,
joka tiesi niin käyvän,
mutta salli silti tapahtuvan,
kaikella kun on tarkoituksensa

Vaikka tehtyä ei tekemättömäksi saa,
Jumala ei hylkää,
ei milloinkaan
Vaikka olisit tehnyt mitä tahansa,
riittää, kun vain pyydät Häneltä anteeksi,
silloin Hän ei enää muista niitä tapahtuneeksi,
sillä kerrot

Kaiken saat,
enemmänkin
Olenhan ristillä sovittanut syntisi

ja nyt minä tunnen,
kuinka rauhasi peittää kiireen pään
ja väistää jokainen
ajatusteni varastaja nyt takaisin pimeään
Kerrot
Viisas on se,
joka pitää totuuden,
joka uskoo Sanaan,
joka pitää valon aina mukanaan,
silloin hän ei koskaan eksy pimeään

Muista, että vapaus,
se löytyy jokaisesta
ja aina kun elämä yrittää
sinua Minulta viedä,
palaa tähän niin pysyt oikealla tiellä
ja elämäsi pyörii Minun ympärillä,
sillä se on Isän tahto

Niina

Riennän auttamaan

Vieläkö on jotain mitä etsiä voisit?
Onko vielä jotain enempää, mitä kaipaisit?
Onko elämäsi todella sellaista, josta aina unelmoit?

Niin kuin kruunun päähäsi laittaisit,
ja kynttilän kakun päälle,
puhaltaisit sen
ja nyt kaikki niin täydellistä olisi

Vai olisiko?
Puitteet kunnossa, teatteri valmiina
Sanot: Tässä on kaikki mitä ikinä voin vain haluta
Olen tyytyväinen,
täydellinen
ja ylpeänä ihailen itseäni,
mutta Isä,
Hän surullisena katselee
Hän päänsä painaa aivan kallelleen
Huokaa, voi lapseni,
mitä oletkaan tehnyt itsellesi,
sillä jotain puuttuu,
kun sisälläsi huutaa,
mutta vain tyhjyys vastaa,
mutta sanoja,
niitä et siltä tule saamaan

Et rakkautta, tai auttavaa kättä

Et ymmärrystä mihinkään
ja miten päin vain
käännytkään,
vaikka nousisit sitä etsimään,
et siitä näe jälkeäkään

Huomaat kruunusikin
aivan palasina maassa
Olet aivan yksin,
vain kylmä jää allasi
Jää on heikkoa, se rakoilee jo,
pettää aivan juuri!

Peloissasi mietit,
miten tässä näin kävi, miten tänne jouduinkaan?
Ylpeytenikö esti minua näkemästä kaiken sen mitä edessäni
olikaan?
Nytkö putoan ja jos niin minne?
Ei! En halua!

Ääni sisälläni voimistuu,
ulos haluaa,
huutaa,
missä on Jumala!

Silloin,
Hän rientää heti apuun,
kaappaa otteeseen,
vie turvaan,
antaa tilalle jotain niin paljon parempaa

Ensimmäisenä huomaan,
kuinka kruununikin on jo koottu valmiiksi takaisin kasaan

Asetat sen päähäni aivan uudella tavalla,
se loistaa, sillä tuli suoraan taivaasta

Kerrot,
teit oikean valinnan,
sillä joka päivä tulet löytämään siitä uuden timantin

Timantin jokaiselta päivältä,
Kanssa Jeesuksen

Niina

Tiesi on edeltä valmistettu

Suorinta tietä kotiin
Taivaan tielle pääsin,
toista se oli ennen kuin Sinuun tutustuin

Vuodet ne vierivät,
taivas pysyi,
hetkittäin se mielessäin kävi,
joskus unohtui,
mutta sitten
kuulin korkeuksista sen,
satumaisen heleän soinnin,
laulua kauneinta enkeleiden,
enkä minä muuta kuin siihen uppoutua voi

Sieluni lepää,
laulu voimistuu,
eikä aikaakaan, kun se minut kohtaa,
enkä voi sille mitään,
se vie mennessään!

Ne laulavat ihanasta kasvutarinasta,
jota sinäkin voit olla osa

En saa tarpeekseni siitä,
pyydän vielä lisää
Tulen heti kotiin, Isä!

Siellä huomaan sen,
on meillä enemmän kuin edes ymmärrän,
tähdetkin ovat ihan ymmällään,
niiden kirkkaus on vain varjo siitä
mitä täällä näenkään

Vuorotellen valikoiden
kaiken loit ja meille annoit,
sopivasti kaikkea mistä unelmoida vain voimme

Kerrot minulle,
nähtyäsi kaiken,
tai niin ainakin luulit,
et kuvitella ole voinutkaan
tätä kaikkea

Jokaisella on mahdollisuus mukaan päästä,
enkä Minä säästä paikkojen määrässä

Tiesi on edeltä valmistettu,
tervetuloa kotiin

Niina

Sinä olet kaikkeni

En etsinyt Sinua,
Sinä silti minut valitsit,
en tietämättömyyttäni
Olemassaoloasi uskonut,
mutta Sinä silti minut veit
ja omaksesi otit
ja nyt mietin,
miten tehdä sen voisin,
miten kertoisin,
miten kuuluttaisin kaikille sen,
kuka Olet,
kenelle kuuluu kunnia,
kuka kaiken ansaitsee

Haluan huutaa pimeässäkin
Ei ikävää enää
ja huudan pimeyden kaikkiin kulmiin asti
On olemassa Hän,
ei ole mitään enempää
ja tänäänkin,
kun huudan puoleesi
ja keräilen huoleni,
kuulen vastauksesi

Hei kuulkaa,
kuinka kaikki rukoukset
on maljaan nyt aseteltu

On kuultu
On astia nyt äärimmilleen täytetty
Sillä vien kaiken minkä aloitin
loppuun asti,
tunnenhan sinut niin kuin hänetkin kuin omat taskuni
Katselen sinua
Sinä silmäteräni
En hetkeksikään sinusta irti päästäisi

Sinut valitsen
joka päivä uudelleen
Tule, mennään yhdessä
Tämä tie ei ole meiltä päättymässä

Niina

Usko ainoastaan

Sanojen vuo se viestin tuo,
olet tärkeä
Ajattelet ettei uskossa ole mitään järkeä

Rakas,
älä pelkää usko ainoastaan
Ota minut vastaan,
ota vastaan armo,
ota vastaan rakkaus

Näin kun lapsena kun hyppelit kiveltä toiselle
Se olin Minä,
joka varjelin sinun askeleesi,
kun heittelit leipäkiviä,
laskin niitä kanssasi

Sellaista on rakkauteni

Suojelevaa ja täydellistä ei siitä mitään puutu
Rakkaani En sinulle suutu virheistäsi,
kun palaat luokseni

Saat kaiken, aivan kaiken anteeksi
Älä anna pelon tai ylpeyden
tai katkeruuden tulla esteeksi
Rakas teen kaiken aivan aivan uudeksi
ja terveeksi

Rakkaus Puhtaus ja Kauneus ja Pyhyys
on Ytimeni

Tahdon sinua lohduttaa,
silittää ja paijata,
kuin äiti lohduttaa lastaan
Ei hän rintalastaan hylkäisi
Niin en minäkään,
tahdo sinua kadottaa,
en yhden yhtäkään,
vaan tahdon pelastaa

Lasten kaltaisten on Jumalan valtakunta
Se on totuus, joka ei ole vain unta
Rakas tahdon, että koet sen,
Rakkauteni äärettömyyden

Rakkauteni tulvii yli,
sellainen on Isän syli,
turvallinen, pehmoinen ja lämpöinen
Juuri sinulle räätälöity,
ja sopivan kokoinen
Valmistin sinulle sen

Helena

Rakkauteni lähde

Ilman sinua,
olisin,
kuin moottoritien varteen
heitetty saapas

Täysin yksin

Ilman sinua olisin,
kuin aavikko ilman hiekkaa,

Täysin tyhjä

Ilman sinua Jeesus,
en koskaan tahtoisi olla
Ilman sinua olisin pelkkä nolla,
kuin kuori ilman täytettä,
Typö, typö tyhjänä

Olet iloni ja valoni,
Olet täyteyteni,
Olet paras ystäväni,
Luotettuni,
Pelastajani,
Rakkauteni lähde,

Ilma, jota hengitän,
laulut, joita laulan

Kiitos, että pysyt luonani,
rakastat ehdoitta

Et odota täydellisyyttä,
katsot katseella niin rakastavalla,

kaikkein ihanimmalla,
maan ja taivaan alla

Helena

Sinä riität

Älä luule, että odotan sinulta suorituksia
Ei ole minulla kriteeriä
Ei mittaa
Mikä sinun tulisi täyttää,
että olisit kelvollinen

Älä sure sitä,
että iltarukousta et ehtinyt lukea
Katso lapseni, lapseni,
tahdon sinua aina tukea
Puhtaat vaatteet päivittäin,
yllesi pukea

Rakkaani,
et voi ansaita mitään Jumalalta
Kaikki on ilmaista

On rakkauteni sinuun,
Syvä kuin syvin syvyys
ei ole sillä mittaa laisinkaan,
et käteesi voi sitä ottaa,
et ihmismittaan sovittaa

Minun armossani on sinulle kyllin
Älä siis kuuntele ääntä vihollisen,
joka väittää, ettet olekaan kelvollinen,
ettet minulle riitä!

Rakkaani rakastan sinua!

Olet kelvollinen,
olet täydellinen,
en näe virheitäsi en

Tule luokseni mielin avoimin,
niin nähdä voit sä taivaan ihanuuden
ja kuiskaan sinulle
rakkauteni salaisuuden

Armoni suuruuden,
ristinmuotoisen

Helena

Olet suurenmoinen

Taivaan tähtiin kirjoitan
mä jokaisen sanan

Olen heikko, heikko niin,
silti taivaisiin,
yllän kanssasi Herrani

Aallot lyövät rannoille,
nuo aallot korkeat,
tuovat vettä sannalle,
nuo vaahtopäiset valkeat

Herra olen pieni, pieni niin,
sinä viet minut korkeuksiin,
Sinun kanssasi riitän

Kiitän,
päivästä jokaisesta,
keväisestä ja lokaisesta

Olet suosikkini Isäni,
en Rakkauteesi mitään lisäisi
Se täydellistä on,
Siks onnellinen oon

Tyttäresi tanssii,
kanssa tähtien taivaan

Ilmalaivaan taivaiseen,
mä vuoreltasi siirryn
Katselen mä näkymää,
tähtien tuhansien

Oi miks Luojaani kiittäisi en!
Olet Suurenmoinen!

Isäni Taivainen

Helena

Olet voittaja

Lähdet marssimaan kujalle,
sillä vahvalle lujalle kalliolle,
voimavuorelle on sinut istutettu,
Kristus kallioon juurrutettu

Et enää horju,
on askeleesi varma ja vakaa,
tiedät sen,
olet kelvollinen,
sinut on puettu
voimaan uuteen

Ovet on auki!

Taivaan akkunat sepposen selällään,
nyt siunausten virran näät
ja kääntyy päät,
kun rohkeana marssit
riveissä Herran,
Jo kukistuu
vihollisjoukot surkeat,
ne seitsemää tietä pakenevat

Rakkaani olet nyt valmis,
marssimaan puolestani,
maailmaa valloittamaan,
Minun kanssani

Saat rinnallesi enkeljoukot valtaisat,
Sä suuren voiton saavutat

Olet pää etkä häntä
Olet Kuninkaan tytär
Olet Voittaja!!!

Helena

TOIVO

Sinua tarvitsen

Vielä mitä!
Sehän siitä vielä puuttuikin
Sanat kaikuvat läpi pimeiden katujen

Suunnitelmani eivät ole menneet niin kuin ajattelin
ja vastoinkäymiset toisiaan ovat seuranneet
Varmuuden vuoksi,
kutsuin sitä onneksi,
jota minulla ei ollut mielestäni
Kaikki menee aina pieleen,
mikään ei tunnu onnistuvan,
kunpa voisin jotenkin tämän muuttaa toisin

Tiesin sen,
Sua tarvitsen
Silloin onnettomana
ylös huokaan,
Isä, Isä
oletko siellä?
Auta lastasi hädässä

Katsellessani tähtiin,
siellä välähti,
jokin nopea
kuin salama
Katson tarkemmin,
se näyttää niin tutulta,

voi kunpa osaisin sen sanoin kuvailla

Olen nähnyt sen ennenkin
silloin, kun sain enkelin vierellein
väsyneen päivän jälkeen,
kun sammutin valot,
muttei ollut pimeää,
sillä pimeys pelkää sitä valoa,
jota enkelitkin kantavat

Tunne on vahva,
tämä taitaa olla totta,
Olet sittenkin olemassa!
Hihkun onnesta ja riemuissani hypin,
tässähän käy vielä hyvin!

Ehkä vielä saan myös kokea
onnenkyyneleitä
Kaikkien vastoinkäymisten jälkeen hymyillä
ja tehdä putouksen niistä
jalokivistä,
jotka säihkyvät
kirkkaana pääni päällä

Saisin olla puettuna valkoiseen pukuun
ja huomata kuuluvani kuninkaalliseen sukuun

Kerrot minulle,
ei onnea ole olemassa,
huonoa tuuria varsinkaan

Kaikki tapahtuu aikataulussani,
valvovan silmäni alla
Silmänräpäystäkään et ota Minun tietämättäni
ja tavalla tai toisella
aina lähestyn sinua
Haluan sulattaa pois sen kaiken, joka sanoo
taas kävi näin!

Ei
Se ei ole tarkoitus
Minun tieni ovat toisenlaiset,
ei sinulle tapahdu mitään mitä Minä en sallisi
ja vielä mitä!
Huudahdan
Sinä olet siinä!
Sinä, jota olen aina miettinyt,
öisinkin unta nähnyt

Teit kaiken eteeni
ja nyt pääsin luoksesi
Otat kiinni, kun hyppään syliisi
ja heität ilmaan
Rakkaan lapsesi,
joka kotiin löysi

Kuiskaan
Isä
Minä olen tässä,
enkä ole mihinkään lähdössä

Niina

Olen sinun puolellasi

Kun kyselen miksi,
miksi näin
Kun vastausta odotan mä mieli väärinpäin,
kyyneleet tulvii silmistäni,
en saa huolta pois mielestäni
kunnes kuulen äänesi

Kuulehan, kuulehan,
rakas lapseni

Jätä murheesi minulle,
tuon ratkaisuni sinulle,
oikeaan aikaan
Sitten ihmettelet,
mitä aikaan sainkaan

Olen kerännyt kaikki kyyneleesi,
kuullut jokaisen huokauksesi
kuullut, kuinka ylistät Minua,
tuntenut, kuinka rakastat

Minä suuri Jumalasi,
Olen sinun puolellasi

Mestari on tässä,
sinua kädestä pitämässä

Kuljethan käsi kädessäni
Sinä morsiameni,
Minun rakkaani!

Minun armossani,
on sinulle kyllin

Minun armostani,
saat uuden voiman,

Minun armooni ja rakkauteeni,
Siihen saat kätkeytyä
ja se sinun
häpeäsi

Se hyvitetään
sinulle kaksin verroin.

Helena

Juhlat alkavat

Se tulee kuin hyökyaalto,
rakkauden padottu virta,
tuhansien pisaroiden
ehtymätön silta

Sillä nyt se on päästetty valloilleen
Pato on murrettu auki
ja saat vain katsella
kevyesti, huolettomana,
sieltä sillalta
allasi kuohuvaa merta
Täynnä rukousvastauksia,
niitä uskon pieniä pisaroita,
jotka ovat vaatineet niin paljon luottamista,
odottamista,
antautumista Käyttööni,
mutta nyt ne ylittävät kaikki esteet
ja ihmeille,
niille ei loppua näy

Sillä nyt näet,
kaikki rukouksesi ovat varmasti perillä,
sillä meri, se ei vaikene,
vaan vie loppuun sen minkä aloittikin

Ne pienetkin pisarat,
ne ovat kasvaneet valtaviksi

hyökyaalloiksi,
sillä kaikki kyyneleet,
joita vuodatit, on koko ajan kerätty talteen

Tunnetko jo sen?
Se tulee kera tuulen
Se on ennennäkemätön ja kasvaa aina vaan,
se ylitsenne pyyhkäisee ja
pian jokaisen
rukouksen kohteen
aivan varmasti saavuttaa,
sillä se ei aio perääntyä,
eikä koskaan takaisin palaa
Se on tullut kohtaamaan
ihan kaikkia
ja nyt ymmärrän,
kun pisaroita jo päältäni löydän

Tästäkö olet Isä puhunut
niin monen monta kertaa
Se tulee, se tulee, odota vaan!

Vetesi raikas, puhdistava
Se kuplii jo sisällänikin!
Tunnen sen voiman,
kutkuttavan,
sillä niin paljon odotan
Isä Sinun ratkaisujasi
Pelastuksiasi
Rajatonta rakkauttasi

meitä kaikkia kohtaan,
kun se saa esteettömäksi nyt tulla

Toivoa on aina, Sanot
Rakastathan ylitse kaiken omiasi

Kerrot
Ota lasi
ja katso, kun se täyttyy hetkessä

Ota malja Kanssani
Sillä nyt on juhlan aika

Niina

Usko siihen mitä näet edessäsi

Usko siihen mitä näet edessäsi
Usko Voimaani, joka ylittää kaiken
Usko Totuuteen
Usko Sanaan
Usko, se uutta alkua luo koko ajan

Usko Lupauksiin
Usko moniin uusiin haaveisiin
Usko niiden käyvän todeksi
Usko, kun uskon siemenen kylvin sinuun, se kohta taimelle
kasvaa
Usko Voittoon
Usko, Minun kanssani se onnistuu

Ota vastaan
Ota kokonaan
Ota todellisuus tässä näin
Ota tuulen viemä totuuden siemen
Ota ja kylvä se
Ota omiin käsiisi sen aihe
Ota siis alku ja vie se loppuun
Ota kädestäni turvaa ja otteestani älä päästä irti

Tartu siis tähän
Tartu elämään
Tartu siihen missä onni on syvimmillään
Tartu tarkoituksiin

Tartu totuuteen

Tartu turvallisempaan huomiseen

Muista, vielä on aikaa
Muista kiittää joka hetkestä
Muista monista muutoksista, niistä hyvä itää
Muista kysyä, sillä mikään ei ole turhaa
Muista, kun muistutan

Minä tarvitsen juuri sinua

Niina

Anna uuden tuulen puhaltaa

Anna uuden tuulen puhaltaa,
viedä kaikki vanha mukanaan
kauas pois,
niin ettei muistojen onkaloihinkaan
jää enää mustia kohtia

Älä pidätä,
päästä irti,
kyyneleesi ovat kastelleet maan

Kuolleesta nisunjyvästä vasta
hedelmää odotetaan

Älä pidä kiinni menneestä,
muuten se uuden ja kauniin estää

Odota hetkinen vain,
kohta nähdä saat,
nuo niityt hyvin viheriöivät,
levon paikat,
joissa saat vain levätä ja ihastella,

kun Luojasi luo uutta

Helena

Sanoitta voitetut

Sanoitta voitetut,
ovat nyt tässä edessämme

Ne, joiden puolesta rukoilimme,
ne, joiden vuoksi taistelimme,
ne, joiden vuoro lopulta tuli

Oi kuinka ollakaan,
katso nyt tätäkin,
taas kääntyi uusi sivu uudesta kirjasta,
sillä Sanojasi luetaan nyt Raamatusta

Ihmeitä, ihmeiden perään,
teet niitä ilman määrää
ja salaisuuksiasi tuot jatkuvasti esille,
niin kuin pölyisen viitan heitit olaltani ja sanoit:
Nyt jää tämä taakka tähän

Sen alta paljastui uusi ihminen,
kuin perhonen se kuoriutui esiin
kauniimpana kuin koskaan ennen,
niin puhdas,
vasta kuoriutunut,
vapaa,
valmiina ottamaan rakkautta vastaan,
sillä kaikki se, mitä tulemmekaan kokemaan yhdessä,
ei mitään paina

ja rakkaus, joka sinut joka hetki valtaa,
saa sinut kuin lentämään
Niin kevyesti etenemme tästä lähtien,
aina vapaana, ilman taakkoja harteilla
Hymyssä suin muistellen kohtaamistamme,
sillä viittasi, se on nyt poissa ikiajoiksi

Nyt huomaat, minkälaista elämä olikaan ilman Minua
Se oli kuin juoksu ilman jalkoja,
et mihinkään edennyt, vaikka täysillä yritit
Entä kun jouduit ylämäkeen?
Oliko silloin vihdoin aika antautua?
Kuunnella Isääsi ja saada tarkoitus kaikelle?
Myöskin sille, miksi edes kiipesit?
Mitä varten, mihin asti?
Mitä ylhäällä odottaisi?

Onneksi kuulit kutsuni ja päätit kääntyä ympäri
Itku silmässä jätit kaiken vanhan taa,
tiedät, se on nyt mennyttä elämää
Pyysit anteeksi ylpeyttäsi
Sanottuja sanojasi

Mikä meitä vielä odottaakaan yhdessä,
sillä nyt sinun ei tarvitse enää kiivetä
Ei tarvitse tehdä mitään mihin et yksin kykene,
sillä Minä kannattelen sinut kaikkialle

Niina

Armon meri

Kuin kala kuivalla maalla haukoin henkeäni,
sain enää pihistyä
Isä auta,
Isä auta

Toivoin niin, että ilmestyisit
minun tavallani,
muuttaisit olosuhteeni
kertaheitolla

Avaisit umpisolmut,
antaisit kiertotien
päämäärääni

Sen sijaan sinä
vetäisit minut
armon mereen,
viime hetkellä

Annoit vapauden sanat,
Sanat Elämän

Vapautit valheista vihollisen,
varjelethan,
etten,
enää koskaan tartu vieheeseen sen

Avasit alun täysin uuteen
ihmeelliseen mahdollisuuteen

Pois pyyhit menneet vuodet,
ahdistuksen suunnattoman

Vaihdoit sen kauniiseen morsiuspukuun,
korvasit kaiken kaksin verroin

Nyt armon meressä uin,
hymysuin

Armoa tahdon julistaa,
päästää vangitut kahleistaan
Kertoa rakkaudesta suunnattoman suuresta,
aivan ihmeellisestä mahdollisuudesta

Herrani
Olet laupias ja armahtavainen Jumala,
uskollinen ja pitkämielinen
Ihmeellisin kaikista
Rakas Isäni

Helena

Uskoni kasvaa

Mullasta maan nousee se,
se nousee kohta taimelle,
pienen puun alku

Ei haittaa mitään,
kyllä se siellä itää,
kiire ei ole minnekään

Se jää se routa,
suli jo aikoja sitten

Näethän lapseni,
nythän on pouta

Se siemenen hiljalleen herättää,
niin itää sana tää,
jonka kylvit maahan hyvään,
istutit sen syvään

Ei vienyt sitä harakat,
ei vihollisen vieheet
Siellä se kasvaa vaan
ja kohta tulet nauttimaan,
hedelmäpuun annista hyvästä
ja nauttimaan kesästä ikuisesta,
kanssa rakkaasi

Helena

Vaikeuksista voittoon

En malta odottaa Sinun ihmetekojasi,
niiden toteen käyvän viimeinkin
Kaikki odotetut, julistetut lupaukset,
niiden toteutumista en malttaisi odottaa, en,
sillä tiedän,
niin kutkuttavastikin,
kaikki tulee muuttumaan
aivan toiseksi,
Isä sellaiseksi,
jonka Sinä haluat antaa,
vaikka emme aina uskoisikaan,
Sinä silti haluat
vain parasta lahjoittaa

Kerrot,
toiveitasi älä koskaan heitä romukoppaan,
sillä vaikeuksista voittoon
sanotaan
Niin, totta tosiaan,
mutta Sinun kanssasi en vaikeuksista välitä,
vaan tiedän olevani aina voittajien tiimissä

Kuulenkin jo sanat
Tulta päin!
Sytytyslanka palaa jo
Nyt on hoppu, valmistaudu
ja tässä on,

ole hyvä,
kaikki mitä pyydän
Annan kaikki toiveeni syvään jäähän
Ei sieltä niitä viedä,
ei ilman liekkejä,
jotka lämmittävät syvimmätkin epäilykset tieltään
ja Sinä
keksit aina lisää,
eihän Sinun hyvyydelläsi ole mitään määrää
Vaan räjähtää se minkä täytyy
Nyt ja tässä!
Ota vastaan ylistys!
Se tulee koko sydämestä

Sillä kaikki toteutuneet
ja vielä tulevatkin
ovat nyt valmiina
Lisää vaan,
loppua ei näy eikä tarvitsekaan
Saat kaikki aina hyppimään
Sydämesi tahdissa

Aina uudestaan ja uudestaan,
ei sammu se milloinkaan,
vaan lisää bensaa liekkeihin kaadetaan
ja silloin roihuaa
jokaisessa,
tämä tuli suoraan Isän sydämestä

Niina

Odota vielä hetki

Hetki vielä herätyksessä,
on vielä aikaa,
on pelastettavia

Enkelparvet lähtevät sankoin joukoin
auttamaan heitä,
jotka ovat vielä eksyneitä
Tässä he tulevat,
katso vaikka, kun ympärilläsi tapahtuu ihmeitä

He kannattelevat jokaista
vielä ymmärtämätöntä
Pitävät pinnalla,
siipiensä suojaan ottavat,
vaikka he olisivat kuinka kaukana Minusta

Ehkä tänään on se päivä,
ehkä huomenna murtuu ylpeyden silta,
joka liian kauan on
hallinnutkin tässä maassa

Silloin väärät valinnat
muuttuvat oikeiksi,
kantautuu kauas
Kaikki kunnia Jumalalleni

Tiesithän että,

en heitä ketään
en hylkää minkään tähden yhtäkään,
vaan Haluan kaikille vain parasta antaa,
sitä rakkautta,
jota jokainen kaipaa

Siis herätkää,
valvokaa ja rukoilkaa,
nouskaa korkealle!

Niin näette, kuinka silmät avautuvat yksi kerrallaan
Siitä hämmästyksestä,
miten ihmeellinen onkaan Isä

Niina

Olen valinnut sinut

Toistuvasti kuulen sen,
äänesi heleän soinnin
Se sanoo,
rakkaani
Olet minulle tärkein

Se kutsuu minua jälleen puoleensa,
kuulen sen taustalla jatkuvana
Se jopa satuttaa,
sillä ikävä raastaa minua

Ikävöinhän Sinua niin paljon,
että kuvaasi yritän katsella jopa peilinkin kautta
ymmärtämättä sen olevan turhaa,
sillä se ei ole sama asia,
kuin olla Kanssasi
Katsella nyt rikkimennyttä lasiakin,
joka tekee säröjä hiuksiini,
joiden päällä voisi olla kruunu valtakunnassasi

Kerrot,
kuin kultaketju se kestää ikuisesti
Rakkauteni sinuun
ja kun sen päällesi pukisin,
sädehtisit
Niin kuin sinun kuuluisikin

Ottaisit oman paikkasi,
väkevän voimani alla
Taitaisit aina vain hypellä,
kedolla kauneimmalla
Tekisin sinulle seppeleenkin,
päähäsi sen asettaisin,
olisithan nyt
kaunein morsiameni

Muistathan, että vuoroni on vielä tulossa
Oletko nyt jotain muuta
kuin mitä sinun kuuluisi olla?

Missä ovat kätesi nyt?
Onko niihin jäljet piirretyt?
Mitä niissä näkyy, häviääkö jälki heti kun kätesi nostat
Sydämeltäni?

Kuule, kun Huudan sinua nyt
Se voimallisesti kaikuu yli kaiken
Anna sen kuljettaa sinut
kohti kotia
ja avata ovia edessäsi

Se on sinun valintasi,
mutta Minä olen valinnut sinut ensin

Niina

Maitoa ja hunajaa

Nousen väsyneenä sinun vuorellesi,
nuutuneena ja vettä valuen,
taistelusta uupuneena
Otat minut syliisi
lämpimään,
en jää häpeään,
sillä sinun kanssasi,
saan voiton vihollisistani

Voitelet haavani
rakkautesi balsamilla,
Se sisältää pyyteetöntä armoa,
voimaa väsyneelle,
ilon pisaroita,
Hengen sadetta,
rakkautesi suukkoja

Irrotat minusta,
uupumuksen nuolet,
kannat huolet,
kauas minusta,
ihan joka ainoan

Täytät reppuni,
uudella voimalla,
voimalla vastustaa pahaa

Puet ylleni uuden,
sota-asun,
sillä suureen
kutsuun olet minut kutsunut

Valloittamaan sydämiä sinulle,
loistamaan kirkkauttasi
pimeän keskelle,
avaamaan portit eksyneille,
sinun luoksesi

Sinun suloisena tuoksunasi,
levittämään sanomaa ihanaa,
nostavaa, pelastavaa,
vapauttavaa

Maitoa ja hunajaa

Helena

RAKKAUS

Tule tanssimaan

Tule tanssimaan
Tule tanssimaan kanssani, ihanaa valssia,
tanssi kanssani aamuun

Kuiskaan korvaasi rakkauteni sanoja
Sanoja, jotka ovat,
kuin kastepisaroita aamuisessa metsässä

Sanoja, jotka virvoittaa,
parantaa ja saa sinun sydämesi elpymään,
lyömään samaa tahtia,
Minun kanssani

Rakkaani, Olen aina sinua varten,
aina, aina, aina

Ethän torju minua,
ethän häpeä minua,
ethän jätä minua alttarille

Rakkauteni sinuun on vahva kuin vuori,
se on täydellisen järkähtämätön

Ei sitä heiluta sinun tunteesi,
sinun syntisikään ollenkaan

On rakkauteni sinuun paljon, paljon vahvempaa

Tule rakkaani takaisin,
otan sinut avosylin vastaan,
tanssin pyörteeseen,
oi sen minä teen

Ota kädestäni kiinni tartu lujaa.
juostaan yhdessä pitkin kujaa

Näetkö nuo maisemat ihanat,
sekä viljavainiot valtaisat
Hedelmäpuut, jotka tuoksuavat,
kaneliomenia ja viikunoita,
katso, metsämansikoita

Rakkaani tule!
Tahdon sinulle vain hyvää,
tahdon elämäsi kantavan kultajyvää,
aittoihin iankaikkisiin

Oi katso rakkaani,

Olen sinun

Helena

Rakkauden paikka

Syvällä sisimmässäsi
tunnet sen,
Se lähestyy sinua varoen,
Sanoo, tääl ois sulle paikka
kanssa Mestarin

Se paikka on niin ihmeellinen,
loppumattoman täynnä hyvyyttä,
että kun astut sisälle
se täyttää sinut jokaisella sydämesi lyönnillä

Aina uudelleen,
sama tunne valtaa,
lisää rakkautta
Mietin,
onko tämä tottakaan?

Sen varastot eivät ehdy ,
sillä Hänen hyvyytensä riittää aina

Kun lähestyt Häntä,
Hän lähestyy sinua,
On aina ovella vastassa

Kuka tällaista tekee?
Hän, joka on ollut ennen kaikkia muita, joka nousee
ensimmäisenä

Hän on kaiken hallitsija
Koko maailman Luoja
Isä Jumala,
kanssansa Jeesus Mestari

Kerron sinulle,
mitään parempaa et löytäisi,
sillä vain yhdellä meistä
voi olla jotain niin hyvää,
vain yhdellä meistä voi olla jotain niin täydellistä

Hänessä on kaikki
Hän näkee
Häneltä voit saada kaiken, mitä sydämesi tarvitsee
Et paikkaasi voi menettää,
Et voi kääntää sille selkää,
sillä ei yhdenkään sydän Häntä hylkää, vaikka ei yksikään
Hänen kasvojansa nää,
sillä jokaisella on paikka aina
Hänelle sydämessään

Joko uskot tämän
Isän rakkauden?

Ota sinäkin vastaan
paikkasi taivaan valtakunnasta

Avaa sydämesi,
sillä sinun Isäsi,
ei koskaan lakkaa sinua odottamasta   *Niina*

Ihana Isäni

Kiitos ja ylistys sinulle soikoon,
Sinä kaiken alussa loit

Kunnia, kunnia vain sinun olkoon,
Sinä kutsut aamun koit

Hämärrät illat
pimennät yöt
sinä ajan kelloon tahtia lyöt

Ei mitään olisi ilman Sinua,
ihana Isäni Jumala

Sinun rakkautesi hallitkoon,
mieltäni vallitkoon

Rakastat minut ehjäksi ihan,
lakaiset sydämeni pihan,
Levitän maton punaisen,
sitä pitkin saavuthan sisälle sen

Rakastan sinua Isäni Taivaan!
Olet Kuningas,
sydämeni valtias

Kruunu päässäsi
hohtaa niin,

että sen hohde sattuu silmiin

Silmät sikkuralla ihmettelen,
kauneuttasi ihastelen

Ylpeillen kertoa töistäsi tahdon aina,
ei huomisen huolet
saa mieltäni painaa

Luottaa tahdon sinuun koko voimallani,
rakastaa sydän avoinna,
vastaanottamaan sinun uutesi,
anna minun loistaa kirkkauttasi

Minne kuljenkin,
Sinun käsikynkässäsi

Helena

Rakkauden polte

Polttaa, polttaa,
rakkauden liekki sulattaa
Et sitä voi enää ohittaa,
vaan se on tullut
jäädäkseen asumaan,
sillä Hän tietää,
Hän vie mennessään,
kaikki surut, murheet,
kaikki jäät, jotka yrittää tulla esteeksi elämääsi,
sillä Hän kuulee,
Hän näkee kaiken taakse
Sinunkin sisällesi
ja lävitsesi
Sinne syvälle,
jossa rakkaus kohtaa kivisydämen

Hän haluaa
olla aina osa sinua,
Sanoa hyvää yötä
ja huomenta,
sillä kuulethan jo sen,
kellon kilkatuksen
Se on merkki
Nyt on aika
Uuden alun
Elämän kanssa Isän

Voi sitä riemua,
sillä joka antaa elämänsä Hänelle saa niin paljon enemmän,
kuin mitä maailma voi koskaan antaa

Siis laske viiteen
ja aina kymmeneen asti,
sillä jokaisella numerolla
saat aina uuden ylistyksen aiheen
ja silloin kyynel silmässäsi,
itket itkuja
onnen ja vapauden
Ei epätoivoa enää,
sillä se väistyy rakkauden tieltä
ja tiedä
kyyneleidenkin määrän
Hän on laskenut jo edeltä

Hän tietää kuinka paljon niitä tarvitaan
Eheyttämään sinut kokonaan
ja pois riisumaan vanhan kuoren pois,
antaa uudelle luvan kasvaa

Hän sanoo
Tässä on syli
Anna tulla
Otan sinut vastaan
Olethan Minulle niin niin rakas

Niina

Toivon ankkuri

Mun epätoivoni haudattiin,
sun ristis juurelle

Syntiselle suurelle,
Sinä heitit sen,
toivon ankkurin valkoisen

Mä sen kiinnitän,
nyt kallioon hyvin syvään
Omistan pelastuksen,
oon omasi,
sen tiedän varmaksi

Ei kukaan irrottaa voi mua kädestäsi sun

Et koskaan mua kadottaa voi,
Sun henkesi mun sielussani soi

Me ollaan aivan yhtä

Mä kaikki voin sinussa,
kun vahvistat ain mua
En hetkekskään sua unhoita,
Sua aattelen aina vaan

Tätä rauhaa hämmästelen,
rakkautesi lämmössä hehkun

Sun läsnolos rauhoittaa,
mun mieleni
ja ylistys täyttää kieleni

Jeesus miten sua rakastankaan
Sä kaikkieni oot

Liityn ylistyskuoroon
ja ilokarkeloon

Nyt tanssin alla taivaan,
aivan pilvettömän
ja kiitän, kiitän vaan,
kuinka ihana on Hän

Helena

Sinun rakkautesi hehkussa

Joinain päivinä,
tämän maailman kylmyys
hyytää luissani ja ytimissäni
Pukeudun surun kaihoisaan
mustikansiniseen viittaan

Tanssin surumielistä tanssia,
sydämenkylmällä jäällä

Missä rakkaus on?

Herrani- Sinä olet rakkaus

Et tahtonut vihaa, et eripuraisuutta
Rakastaa tahdoit ihan
loppuun asti

Kärsit puolestani,
Hän kärsi puolestasi

Yksin,
kaiken vihan kantoi
Yksin
silti hän rakasti ,
rakastaa yhä,
Hänen nimensä on Pyhä

Sanot minulle- luota Minuun

Etsiydyn läsnäoloosi,
Olet aina kanssani,

Et koskaan minua hylkää
Et lähde luotani pois

Sinä aina lähestyt heitä,
jotka lähestyvät Sinua

Viimein Sinun lähelläsi,
vaihdat suruviittani morsiuspukuun,
valkoiseen ja vallattomaan

Kiihdytän tanssini ylistykseen,
Rakkauden muotoiseen

Muutun,

Sinun rakkautesi hehkussa

Helena

Rakkautesi lämmössä

Kuin jääpuikko,
sulaa kovuuteni,
Rakkautesi lämmössä

Olet lämpöinen kuin takkatuli,
Siihen mun kovuuteni suli
ja ulkokuoreni mureni
ja päästin sinut sisälle
sydämeeni

Annoin sinun jäädä pysyvästi
Keitin sinulle iltateetä

Siinä kupposta juodessa,
kerroit minulle totuuksia,

kuinka paljon ristisi painoi,
kuinka paljon rakastat,
kuinka paljon olin velkaa,
mutta et vaadi maksua

Kaiken annoit ilmaiseksi,
et vaadi minulta mitään

Lähetit rikkomukseni,
niin kauas kuin lännestä on itään

Vaatetat minut uudelleen,
kauniiseen puhtaaseen pukuun

Tanssin, tanssin ilosta ja rakkaudesta

Katselet tanssiani ihaillen,
niin kuin sulhanen morsiamen,
kannat yli kynnyksen
ja sanot hymyillen

" Se on täytetty"

Helena

Rakkauden voima

Hei
Ei hätää
Uskothan vielä,
että ihmeitä riittää sinullekin,
sillä onhan niitä varastoni aivan täynnä

Pilvien välistä sinua katselen
ja mietin oi rakas lapseni
Nouse jo
ja usko, että
voiton päivä on lähellä
Tästä lähtien en halua, että sinulla on
yhtään epäuskoa jäljellä

Sillä jokainen anova saa,
etsivä löytää
ja kun kolkutat,
sinulle avataan
ja jos vielä epäilyttää
Avaa vain silmäsi
ja näe, kuinka punainen matto on levitetty eteesi

Se on kuin elämän kevät,
aina uutta kasvaa saa
Nyt punaisella värillä
haluan koristella
sinut ihan kokonaan

Ruusun terälehdillä
ja ihanilla unelmilla
Säihkyvillä rubiineilla
ja taivaan valolla,
sillä niin kuin pienet purot voivat viedä valtamereen
ja jokaisesta taimesta voi kasvaa valtavan suuri puu,
vaikka sinusta tuntuisi,
ettei uskosi siemen,
se ei lainkaan lähtisi itämään
tai että ei uskosi määrä,
riittäisi enää yhtään mihinkään

Kerron sinulle
Minä pidän huolen,
että se minkä Olen kerran laittanut kasvamaan,
se kyllä nousee
ja taakseen jättää kaiken hidastavan

Voit olla huoleti ja katsella
kuinka oksasi,
ne yltävät kohta kattoon asti,
sillä uskosi riittää
Aivan varmasti

Niina

Tahdon pukea yllesi viitan

Tahdon pukea yllesi
viitan,
viitan mahtavan,
kultaviitan kuninkaallisen

Olisit vaatetettu vaatteilla arvokkailla,
olisit tyttäreni
oma rakkaani,
ainokaiseni

Näen vain sinut,
niin kuin muita ei olisikaan

Sinun tähtesi suostuin kuolemaan,
sillä niin rakastin maailmaa,
ettei yksikään joutuisi hukkaan

Rakkaani ethän unohda,
tätä arvokkainta uhria

En ota lahjastani hintaa,
vaan kaikki on aivan ilmaista
Kaiken tein rakkaudesta

Otathan vastaan minut
Sinun sydämeesi asumaan
Saisit huutaa,

olen vapaa,
maksettu on velkani!

Juoksisit minun luokseni
ja sulkisin sinut syliini,
ikuisiksi ajoiksi,

oma rakkaani

Helena

Isäni tytär

Sanoittakin tiedän sen,
olen kallisarvoinen

Olen silmäterä
Taivaallisen Isäni,
on käteensä piirretty
minun nimeni

Hän näkee hetken jokaisen

Hän kuulee joka huokauksen

Hän tuntee, kuinka hengitän
Hänessä

On hiuksienikin määrä
Hänen tiedossaan,
ei salaisuutta välillämme
ainuttakaan

Hänen rakkautensa parantaa
minun sydämeni haavat

Ei enää kaavat kahlitse,
ei mikään vangitse
Hänessä olen vapaa,
tällä tapaa

lentoon lähtemään

Kotkan uljaan lailla
liidän taivaalla

On näköalat upeat,
nuo pilvimassat mahtavatkin
alapuolelleni jäävät

Liidän, liidän korkealle
Huudan, huudan maailmalle

Olen onnellinen,
olen täydellinen,
Isäni tytär!

Helena

Rakkausmatka

Älä jarruta,
katso vain eteesi tarkemmin

Älä arkana pälyile ympärillesi,
vaan havainnoi tarkasti ne häiriötekijät,
jotka eteesi saattavat hypähdellä,
kuin pyyhkijät,
niin voit sivuuttaa ne pois tältä tieltä
tarkkailemalla
ja olemalla valppaana aina

Pidä katse lasissa koko ajan,
sillä sen takana,
olen Minä sinussa,
enkä turhaan tässä kiinni ole,
vaan Aion saada sinun huomiosi
Näen pitkälle tietäen tarkalleen
kaikki onnettomuuspaikat
Varoitan sinua niistä,
jotta osaat kiertää ne kaukaa

Paina kaasua sen verran kuin tarvitaan,
niin monta kertaa olenkin jo sinua kehottanut uskaltamaan,
starttinappia painamaan
ja antaa vain mennä kohti Taivaan tietä

Valvon matkasi varmasti perille asti,

Olenhan ajo-opettajasi
Opastan sinut oikealle tielle,
jopa sille,
jonka olemassaolosta et ennen tiennyt

Se voi olla kiertotie tai näyttää umpikujalta,
mene rohkeasti vain vaikka näyttää hurjalta,
vaikka siinä tiessä olisi kuoppia,
korjaan kaiken ennen kuin ehdit siihen
ja siitä tiestä tulee suora
ja rajoittamaton,
täysin eheä ja virheetön
Siellä voit kiihdyttää nollasta sataan
Ihan tuosta vaan
ja se vie sinut perille juuri oikeaan aikaan

Vauhtia riittää,
enkä voi Sinua kylliksi kiittää!
Ihanaa!
Tämä taitaakin olla jokin toinen maa!
Maalissa jo juhlitaan
Hip hei hurraa,
taas yksi pelastunut lisää!

Viesti on varma,
sen sinäkin voit saavuttaa aina
Ruutulippu heiluu jo,
se vaihtaa väriä
ja tulee täyteen punaisia sydämiä
Tässä maassa kun mennään

rakkauden tavalla,
eikä ketään jätetä ulos radalta

Maaliviiva häämöttää,
sen eteen taisit jo kaikkesi antaa
Kerron kyllä missä mennään,
kun kysyt
onko vielä pitkä matka, Isä?

Ei enää,
sillä nyt olemme perillä
Otan sinut syliini ja saat kortin
kultaisen
Siinä lukee
Olet saavuttanut pelastuksen

Niina

SIUNAUSTEN SATEET

Sinulle on tehtävä

Oletko istuttaja taivaan valtakunnan siemenen
vai kastelija sen?

Kasteletko toisen kylvämän,
pienen pienen taimen

Vai oletko mullan möyhentäjä,
joka etukäteen
rukouksin
möyhentää maaperän,
että se tuottaisi sen,
mehevän hedelmän makoisen

Vai oletko sadon korjaaja,
joka Jeesuksen luo saattelee sen,
kadonneen, sielun ihmisen

Jokaista heistä tarvitaan,
ei muuten aukea meille tämä maa

Olet yhtä arvokas,
oli sitten jalassasi,
korkokenkä tai saapikas

Herra siunatkoon
meitä runsaasti,
että kantaisimme oman kortemme kekoon,

ennen kuin pääsemme lepoon
kerran,
luo Herran

Siellä jokainen palkitaan,
uudet vaatteet yllemme puetaan

Vaivannäkömme ei ollut turhaa
Kohtaamme taivaissa monta yllätystä,
kun hedelmämme
laulavat ylistystä

Korkeimmalle

Helena

Puhkeat kukkaan

Täältä pesee nyt
tuutin täydeltä

Siunauksia lempeitä,
sillä hempeitä
ovat Minun ajatukseni
sinua kohtaan,
rakas lapseni

Tahdon sinua siunata
roppakaupalla

Älä avaa sateenvarjoa,
ota vaan vastaan,
kun Isä siunaa lastaan

Tahdon sinulle antaa
aivan parasta

Ole rohkea,
astu eteenpäin,
Minä kuljetan sinua näin

Älä pelkää,
vaikka
mitään takeita siitä,
että onnistut

ei ole ihmismielellä,
mutta minun kielelläni
asiat on toisin

Olen sinun kanssasi

Ei haittaa Minua, vaikka kompuroit,
nostan sinut jälleen,
myös vaatteesi Minä pestä voin
ja jatkat matkaasi uudelleen

Minun armoni riittää rakkaani,
se peittää kaikki virheesi,
syntisikin aivan kokonaan

Niin kauas
kuin itä on lännestä
siirrän rikkomuksesi
uudelleen ja uudelleen,
näin Minä, rakastava Isäsi teen

Kuuntele ääntäni tarkkaan,
korvasi myös pestä voit
saasteelta tämän maailman

Oi lapseni uskothan,
tarvitset vain hetken hiljaisen,
niin kuulet ääneni parhaiten

En ole sinusta kaukana,

en valovuosien päässä,
vaan olen tässä lähellä,
pidän sinua kädestä

Oi tunnethan rakkaani sen

Iankaikkisen elämän
Olen sinulle varannut
Kalliin hinnan sinusta maksanut,
olet aarre

Ei aarteita heitetä hukkaan,
tahdon, että puhkeat kukkaan

Helena

Odota oikeaa hetkeä

Älä hoputa,
vaan kolkuta

Varovasti tunnustellen,
odotellen kurkistellen,
oikeaa hetkeä odottaen,
sillä kolkuttavalle avataan ja
odotuksesi palkitaan

Silloin siunaukset saat
moninkertaiset
Pitopöydän avajaiset
ovat edessäsi
ja suuret unelmat käsissäsi
Ne tipahtelevat vaan,
yksi kerrallaan
eteesi ja ne avataan

Lahjat parhaimmat
Isältä asti
Sinun elämäsi rakkaimpasi

Suunnittelen sanomattakin
tietäen jo etukäteen,
mitä tarvitset ja mihin asti

Vain kultaiset avaimet sopivat

avaamaan oven sen
mitä kauan kaipaillen
etukäteen valmisteltiin

Ovi Isän salaisuuksiin
ja suurimpiin unelmiin

Loistaen ikuisesti
Isältä pojalle asti

Niina

137

Siunausten sateet

Taivaalliset aarteet odottavat
meitä kaikkia siunaamaan
Koskee jokaista,
joka tuntee sen,
Isän meidän taivaisen

Se alkaa siitä,
että näkyvillä pidät sitä,
uskoasi Isään,
koko maailman Luojaan
ja jätät kaikki Hänen huomaan
ja Hän sanoo
enkä Minä muuta taida,
kuin siunausten sateilla kastella
Läpikotaisin,
koko maan,
niin paljon kuin anotaan

Ota käteesi tämä sateenvarjo,
heitä se nurkkaan ja sitä tallo
Menneet on ajat vaikeat,
juhlat ne vasta alkavat

Sulatetaan kultasuklaata,
leivotaan siitä kakku
Ota mukaasi kumisaappaat ja sadetakki,
sillä vesi yltää kattoon asti   *Niina*

Juhlan aika

Nyt on aika juhlaan,
kun Isä lahjojaan tuhlaa

Katso kaappiin pölyiseen,
pyyhi pölyt pinnoilta sen,
kohta täyttyvät,
nuo kaapit tyhjät

Rakas lapseni,
Minun armossani on sinulle kyllin,
rauhanliittoni ei horju
Kohta saat yllin kyllin,
ethän minua torju
En anna sinulle sapiskaa,
vaan katiskan
täynnä lahjoja

Uskolliset palkitaan,
rakas lapseni
ja sinut on punnittu,
kelvolliseksi havaittu,
koetuksin testattu

Puhalla pilliin,
nyt soi iloinen trilli,
on meno villi,
kun tanssit ilosta

Ylistät minua,
Minä iloosi yhdyn
ja sytytän lyhdyn,
katan kynttiläillallisen,
vain meille kahdelle

Helena

Taivainen kevät

Kuin perhonen keväällä
ensilennolla
Kutkuttavaa iloa siipieni alla,
lennähtelen taivaalla

Tunnen sen
ihmeisen
Läsnäolosi
Lupauksesi
toteen käyvät,
unohtuvat
vastamäet
sekä
talven pakkaset,
sen voimat huurteiset
eivät pidätä enää,
kun horroksestani herään

Ihmeellinen Isä,
vielä lisään

Olet suurenmoinen

Mahtava kuninkaallinen loisto,
se näkyy siivissäni,
sen väreissä,
sen näen silmissäni,

jokaisessa kevään kukkasessa,
joista imen mettä,
Elävää Vettä

Isäni lähden lentoon vahvaan
Sinun kanssasi,
kuin kotka taivaan
sineen kurkotan,
unohdan tän talven ankean

Iloitsen sinusta Isä!

Helena

Kevätruno

Leskenlehtiä
täytyy ehtiä
Kevään korvaan kuiskuttamaan,
Isä sinä loit tämän maan

Annoit sille ravinnon ja muodon
Oi suothan Isä suothan,
minullekin sen,
ruohon viheriäisen,
tuoda ilon keväisen,
kastella kuivan maan

Oi suothan Isä suothan,
sen ravita minutkin aikanaan,
kostuttaa ja ravinnon antaa

Leskenlehtiä täytyy ehtiä,
kevään korvaan kuiskuttamaan,
Isä sua rakastaa

Antaa ravinnon,
antaa levon,
suo sinulle siunaukset rikkaat,
nuo tikkaat,
taivaisiin,
on jo valmistettu

Sinua varten,
Pojassaan Jeesuksessa Kristuksessa

Tule jo kevät taivainen

Helena

Olet aina oikeassa

Juoksen,
hengästyn,
en malta pysähtyä,
ikävä ajaa minut luoksesi jälleen

Jeesus,
mitä tapahtuikaan tänään,
nyt kerron sinulle sen,
ihmeitäsi taas ihmettelen

Tulit avukseni,
oikeaan aikaan
ja mitä nähdä sainkaan
Toit avun Ihmeellisen,
rakkaudenmuotoisen

Jeesus,
sun luoksesi aina palaan,
syli täynnä kiitosta
Epäilykseni
olikin taas turhaa,
Olet aina oikeassa

Hymyilet minulle rakastaen,
lapseni minähän sanoin
En milloinkaan, milloinkaan
jätä sua pulaan

Jeesus rakkaudesta sinuun mä sulan

En ole enää kylmä,
ei jäätä sydämessäni näy
Nyt riemumielin luoksesi käyn,
Kiitosta sinulle riemahdan
ja huudan kohti taivaan ääriä

Olet kaikkeni
Saat kiitokseni
Isäni Korkein!

Helena

Ihana maa

Älä vaivu epätoivoon,
älä huku surusi kaivoon

Nosta pääsi rakkaani,
sillä sinun Isäsi,
on aina kanssasi

Sinua odottaa aarteet taivaalliset,
unohtaa voit murheet maalliset

Asemasi on tytär Kuninkaan,
asemasi on poika Valtiaan,
Ihmeellisen, Ikuisen Jumalan

Nostan alhaiset ylös
ja itsensä korottajat lakaisen alas,
heidän korokkeensa luhistuvat
Minun matematiikkani
on toisenlaista,
se on oikeudenmukaista

Palkitsen minua etsivät,
he minun luokseni löytävät
Nöyrät ja hiljaiset nousevat,
ylpeät ja korkeat alentuvat

Rakkaani toivosi on minussa,
sillä minä rakastan sinua

Etsi ensin minua
ja valtakuntaani iankaikkista,
silloin saavutat sen,
aivan aivan kaiken,
mitä vaan tarvitset

Sillä minulla on mistä antaa,
monta tuhatta valtavaa astiaa,
täynnä siunauksia

Sinuakin ne odottaa,
saat jo nyt vastaanottaa
hyvyyttäni valtavaa

Rakkaani käännä kasvosi,
Minua kohti valoon,
se tie johtaa Jumalan taloon
Siellä sinut palkitaan,
kun kruunu päähäsi painetaan

Pääset juhlaan ikuiseen,
iloon taivaalliseen

Saippuakuplan keveys,
sinua odottaa,
kuin perhosen siivin,
saat matkustaa

Ihanassa maassa,
vailla mitään pahaa

Rauha ikuinen,
olo huoleton,
Isän läsnäolossa on

Helena

Lempeillä laineilla

Lempeillä laineilla,
Isä keinuttaa lastaan
Kuin kaarnavene,
se keinuu kauniisti aalloilla,
sillä ainoastaan Isä sinä,
Olet luotettava

Vielä äsken luulin, etten selviäsi,
mutta sinä tyynnytit aallot ympäriltäni
Pois pyyhit valheiden tyrskyt,
tyynnytit kaikki myrskyt
Ei mikään voi mua upottaa,
on matkanteko nyt hunajaa

Sinuun luottaen,
jatkan matkaani
Matkani tää kauas kantaa,
kohti taivaanrantaa

Nyt laineilla liplatellen,
ylistystä laulelen
Enkä mitään,
en mitään pelkää en,
Olet täydellisen turvallinen
Isäni Taivainen

Helena

Nouse, ole kirkas

Onnen omenoita,
onko noita?

On niitä,
sinä riität

Sanoja oikeita,
kuin kultahelmiä hopeamaljoissa jaat,
silloin itsekin saat

Siunauksia riittämiin,
silmäkantamattomiin

Näin Isä lisää hyvyyttään,
Ihmeellistä Pyhyyttään
saat kokea
olla omalla paikalla

Onko ihanampaa paikkaa,
kuin jakaa Isän
loppumattomista aitoista,
hedelmiä loppumattomia

Hän istuttaa sinuun syvän,
kuin sinapinsiemen tai
jyvän pikkuisen,
uskon siemenen

Uskalla! Nouse ole kirkas tähti!
Johan lähti!

Uusi valtavirta uskon tien,
se sinut vie,
perille asti

Helena

Taivashaaveita

Haaveissani
astun taivaallisiin
uusiin maisemiin

Mahtava kuninkaallinen loisto,
sen äänen toisto,
on jotain valtavaa,
kuin suurten vetten pauhinaa

Näen välkettä suurta mahtavaa
upeiden rubiinien,
säkenöivien kivien
ja minun asuntoni
tehty on jalokivistä

Kristallivirta kimaltaa,
mä siinä uida saan

Näen Jeesuksen hymyilevät kasvot,
ne säteilevät rakkauttaan
Minun Herrani, minun Lunastajani,
mä juoksen syliisi

Viimein katoaa tää
Taivasikäväni
Mä pysyvästi luokses jään,
näen Sinut koko iäisyyteni

Loistat kirkkaammin,
kuin mikään aurinko

Oi Herrani,
odotan sinua!
Tulethan jo!
Tahdon kotiin!

Helena

MYRSKY

Avataan solmut

Elämäsi edessä
näetkö vain varjoja?

Peittämässä kaikkea tekemääsi,
ilman niitä voisit enemmän
toteuttaa sitä mitä edessäsi näet,
luottaa,
kaikki kyllä kääntyy vielä parhain päin,
onhan olemassa paikka,
jossa ei pimeyttä näy,
mutta varjot,
ne vain valtaavat alaa
Niiden takaa löytyy aina uusia solmuja,
kutsut niitä elämän kolhuiksi
Ne osuvat ja kaatavat,
alas painavat
Kietovat kaiken itselleen tuhoa tehden,
valheellisesti kääntäen kaiken toisin
niin kuin et olisi minkään arvoinen,
mutta kaikki voi muuttua
Nosta pääsi
ja katso,
kun Tuon eteesi
hopeisen vadin täynnä astioita

Niistä on pesty lika pois,
huuhdottu tähteet,

jäljelle jäi vain puhdas, kiiltävä pinta
Niin kuin sinä voit olla
puhdistuksessani,
silloin jokainen varjo häipyy elämästäsi,
sillä ne pelkäävät kirkkautta enemmän kuin mitään

Tiedäthän,
olet arvokas
ja niin tarpeellinen
Olet kaikkea sitä mitä Minä tarvitsen
Anna valosi loistaa,
siis nouse, ja ole kirkas!

Avataan solmut,
astutaan uuteen,
saat olla valmis tulevaisuuteen

Tiedä, En muistele vanhaa,
sillä ei ole väliä mitä olet tehnyt elämässä,
tärkeintä on, että olet nyt ja tässä
ja minä mietin,
voi miten eksyksissä olenkaan ollut,
kompastellen kulkenut varjojen välissä,
mutta nyt saa riittää,
sillä tiedän,
en voi paeta enää,
en mihinkään,
paljaana olen edessäsi ilman varjon häiväääkään

Vääryyttäkin kokeneena,

väsyneenä, voimattomana,
mutta nyt
valtataistelusta selvinneenä
Voittajana! Aamen!

Kerrot,
juokse!
Olethan nyt vapaa,
ei enää varjoja entisestä

Ne häviävät, eivät sinua kiinni saa,
sillä nyt olet saavuttanut
kaikista tärkeimmän,
Jeesuksen
Ikuisesti
ja Hänen Kirkkautensa, joka yltää kaikkiin varjoihin asti

Niina

Yksi ainoa

Kuin puristettu tiskirätti,
se minä olen

Itken viimeisiä pisaroitani ulos

Puristat minusta ulkokultaisuuden
ja uskonnollisuuden rippeet,
sieluni syvyyksistä

Suru sisälläni pyrkii ulos,
ei löydä reittiä,
ryntäilee ja säntäilee,
kuin paimentaan etsivä kadonnut lammas

Viimein löysit minut,
saan itkeä sylissäsi,
Pelko yrittää kietoa minua pauloihinsa,
kuinka minun käy?

Savea mä vain, muokattavana ja muovattavana,
uudelleen ja uudelleen
Herra, entä jos en kestäkään,
entä jos luovutan, entä jos paine käykin liian suureksi?

Katsot minua lempeämmin kuin koskaan, kysyt,
missä he ovat sinun syyttäjäsi?

Tärkeintä on vähän tahi yksi ainoa,
kuulen vastaavani

Sekunnit kuluvat,
kuulen hiljaisuuden

Tärkeintä on vähän

Sinä Herrani, sinä olet se yksi ainoa!

Huokaisen helpotuksesta,
Sinun rakastamiseesi voimani riittävät

Helena

Lintu kalliolla

Kuin lintu kalliolla
on niin hyvä olla
Mä tähän lennähdin,
luoksesi kyllä ajoissa ehdin

Läpi tuulen ja tuiverruksen
lensin luoksesi
Selvisin myräkästä,
en olisi siihen yksin pystynyt,
olisi siipeni vain värissyt

En olisi jaksanut siipeä räpäyttää,
kun jäin tuon myrskyn silmään,
ihan yksin,
mutta sinä annoit
minulle voimaa ylhäältä

Silitit siipisulkiani,
tarkensit näköäni,
silloin avautui aivan uudet näkymät

Nousin, nousin korkealle,
pilvien yläpuolelle
Näin tähtitaivaan valtavan,
sen kauneus mykisti pelkoni,
se avasi ymmärrykseni,
Suuruudestasi Jumalani

Kuulin sanasi, rakas lapseni,
pyrähdä luokseni
Kallioni on aurinkoa tulvillaan,
vain sinä ja minä kahdestaan

Luonani saat levätä
ja uutta voimaa kerätä
Jätä vanhat reitit taaksesi,
älä katso virheitäsi

Annan sinulle uuden,
tarkoituksen suuren,
kun seuraat tähteä,
luo seimen tuon
avaan salaisuuden suuren

Poikani on avain sen,
tuon reitin,
luo valtaistuimen

Helena

Armon vene

Olin sumun keskellä aivan,
hapuilin näkemättä mitään
Silloin näin mä välkkeen sen,
punaisen,
ristinmuotoisen

Kohti sitä mä suunnistin,
vaikk` silmäni välillä ummistin,
etten pelkäisi,
vaikken mitään näkisi

Yhtäkkiä näin purren,
täynnä armoaan
Kiiruhdin sen luo,
täynnä tarmoa

Tuohon pelastusveneeseen
tahdon astua
Ei enää tarvitse viittani
syntiin kastua

Pääsin pinnalle tasaiselle,
Sinun rinnallesi Jeesus
Istun purjeveneessäsi
aarrekartta edessäni
Nyt suunnistamme yhdessä,
on sanasi kompassini

Näen kartalla rastin,
punaisella merkityn
Sieltä löytyy se aarre,
jonka jo kätkenyt olet tähän
puhdistettuun saviastiaan,
jota täytät aina vaan

Tähän lepäämään jään
ja syliisi painan pään

Mitä näen mitä koen, sitä hoen
Näen valoa, näen vapautta,
avoinna on ulappa,
on tyyni vesi sen

Jeesus hohteesi niin häikäisevä
täyttää sieluni ikävän

Helena

Halki sinisen meren

Voi sitä ilon ja onnen päivää,
kun ympäriltäni jää häviää
Viimeinkin,
kun sanon hyvästit
kaikelle niille hidasteille,
joita ne ovat aiheuttaneet minulle,
mutta nyt,
halki sinisen meren
purjehdin luoksesi
Jäätä ympärillä,
mutta en siitä välitä
Lauttana puinen risti,
jonka tein kanssasi
ja se vie minua,
sillä ajelehdin,
kohti taivaallisia

Tunnen jo tuoksusikin,
jonka tuuli toi luokseni
Niin huumaava,
että melkein putoan

Tasapaino pettää,
silloin otan kiinni köydestä,
jonka annat käteeni

Tavoitteeni

siintää edessäni
Siristän silmiäni,
jotta valosi ei minua häikäisisi

Katson punaista auringonlaskua,
jonka ympärillä Sinä
Katselet
matkani turvaten,
joka hetken,
sillä,
Et hetkeksikään
päätäsi kääntäisi,
en silmänräpäystäkään ota huomaamattasi
ja samalla,
kuin jäänmurtaja,
raivaat koko ajan reittiä edelläni

Vedestä hyppii,
haikalat ja pedot yrittävät kyytiin,
silloin otan rististä kiinni
ja rukoilen,
Jeesus, turvaan sinuun
Käske pedot pois kintereiltäni
Ne iljettävät otukset,
Sanaasi ne pelkäävät

Huh, hetken voin huokaista
Ne katosivat näkyvistä
Ajelehdin virtaa pitkin,
kunnes huomaan, että köytesi

Se muuttaa muotoaan,
se haluaa
ympärilleni muurin rakentaa

Näin muuri ympärillä,
risti mukanani
Edessä päämäärä,
niin valtavan ihana
Ylhäällä Sinä,
Vain Sinä
Voit tämän matkani nähdä

Jeesus,
kohta purjehditaan aina vaan,
täältä tullaan, kovaa vauhtia!

Kerrot,
vielä koittaa se päivä, jolloin
edessäsi on vain aavaa merta
Hyppelet vaahtopäillä
ja Isä ottaa kiinni
joka kerta

Niina

Lähde pois erämaasta

Kuivassa erämaassa harhailin,
omia polkujani tallailin aamuvarhain
Vaatteeni niin likaiset,
kovin, kovin koppuraiset

Harhailuni päättyi, kun
saavuin luokse Lähteen
Hämmästyin suuresti aivan,
Lähde oli ollut siinä koko ajan

Väsyneet lihakseni
huusivat vettä,
huusivat ravintoa,
huusivat elämää

Raahauduin lähteelle tälle,
lähes näännyin taakkojeni alle

Silloin,
kuulin äänen sen,
kutsuvan,
hiljaisen

Tule,
luonani saat virvoituksen,
janoosi pysyvän helpotuksen

Saat elämääsi ohjenuoran,
tuon tien niin vahvan ja suoran

Saat Läheisyyteni,
sait Elämäni,
sait Kaikkeni

Tie Lähteelle on avoin,
vaikka kulkisit
paljasjaloin
rutiköyhänä,
kyllästyneenä

Tule!
Nostan sinut lähteelle juomaan,
raikasta, puhdasta Elävää Vettä

Juo!
Tämä se vasta on Elämää!

Nyt vaellat minun kanssani rakkaani,
ei enää tarvitse sinun
yksin kantaa taakkaasi,
saat kaiken anteeksi

Tämä virran vuo
vie sinut elämään ikuiseen
Kiinnitä itsesi Lähteeseen

Isäni Rakkauteen saat kätkeytyä,
sovitukseni kautta sinne pääsy on yhä

Tule,
viivy luonani,
kuuntele ääntäni

Se solisee kuin kevätpuro,
väistyy sydämestäsi suru

Vaihtuu vaatteesikin puhtaaseen,
kun sukellat

Elävän Veden Lähteeseen

Helena

Oikea tie

Mistä minä saisinkaan
voimaa oppia?
Kantapään kauttako kaiken täytyy mennä?
Kiukuspäissäni jalkaa poljen,
kun ei kulje niin kuin ennen

Vastoinkäymiset seuraavat toisiaan,
en näe mitään tulevaisuutta,
tuntuu aivan toivottomalta

Tarjosit apuasi,
mutten sitä vastaanottanut,
mutta Sinä sanot

Älä huoli
Vuoren lailla seison tässä,
vieressäsi järkähtämättä
Nojaa minuun,
niin turvaan sinun selustasi
En ole mihinkään lähdössä, enkä sinua hylkäämässä,
En vaikka toisinaan tuntuisi siltä

Siis liity tähän päätiehen
Se on tie Mestarin,
joka on aina ollut siinä

Vaikka matkassasi olisi mutkia

Tiedäthän sen,
että joka mutkassa
Minä käännän rattia

Niina

Myrskylyhty

Otan myrskylyhdyn käteeni
ja lähden etsimään,
reittiä luoksesi

En näe mitään,
on niin pimeää,
Isä!
Kompassini jäi kotiin
En ole muistanut ylistää,
en kiittää sinua päivistäni

Isä! Eksyin reitiltäni,
rankkasadekin, Isä, piiskaa kasvojani

Yhtäkkiä kuulen huminan,
kuin pauhun valtavien vetten
Sanot " Vaikene ole hiljaa"
Ja tuleekin yhtäkkiä kirkasta

Aurinko paistaa
Linnut laulaa, ei näy pilven hattaraa
Isä! Tulit! Et jättänyt minua pulaan

Nostan käteni kohti taivasta
ja ylistän, kiitän Kaikkivaltiasta
Kiitän rististä ja valosta,
kiitän kirkkaudesta

Nyt Valossasi vaellan
ja pääni taivutan,
nöyrään kiitokseen

Vain sinulle Isä
Matkani teen

Helena

Puuttuva palanen

Puuttuva palanen,
se täydellisen sopiva,
kun osa minua on tullut
nyt yhdeksi kanssasi,
sillä Olet se mitä tarvitsin
tullakseni kokonaiseksi

Ei enää harhailua
Ihanaa
En etsi enää puuttuvaa palaa

Pudotetaan pisara liimaa
vielä sinetiksi
En halua, että minusta koskaan enää pääset irti
Ethän tahtoisikaan,
ethän luopua aio,
sillä periksi et koskaan omastasi antaisi

Niin kuin puhtainta vettä
Mesileipää,
niin Sinun ajatuksesi ovat minua kohtaan
ja kun palaset loksahtavat kohdilleen
silloin rakkauden muoto saa viimeisen piirteen

Pidä kiinni, pyydän
Pysythän varmasti?
Kerrot,

kaikki päättyy hyvin,
kunhan vain luotan,
Sinä olet aina mukanani

Läpi myrskyjen
ja ohi vesipatsaiden,
jotka yrittävät minut kaataa,
painaa päänikin aivan vasten pohjaa,
mutta kerrot minulle

Uskothan lapseni,
ne painuvat kyllä alas Voimastani
Eivät sinun venettäsi enää horjuta,
sen Minä huolehdin
ja pois otan pelkosi
sillä Pidän sinut pinnalla varmasti

Olemmehan nyt yhtä
samaa perhettä
Nyt juhlimme aina iloiten
jokaisesta päivästä yhdessä
Sillä vastustus
on hävinnyt palasten joukosta

Niina

Pisaroita

Pisaroita, pisaroita,
kuin raikasta aamua kasteineen,
odotan mä sinulta,
Sä poistat kuivuuden, avaat lähteen

Pisaroita, pisaroita
Odotan mä nyt
Sinulta vain Sinulta, Rakas Luojani

Silloin saapuvat, nuo pilvet tummanpuhuvat,
Sateesi sä toit, uuden ylistyksen pauhun loit

Avasit tiet korpeen, virrat erämaahan
Avasit viittasi liepeet, Sinua saan koskettaa,
lähteestäsi ammentaa

Nyt jo uin virrassa tässä,
uuden uudessa elämässä

Odotukseni palkittiin,
ovet uudet avattiin
Kanssasi Jeesus seison,
alla vesiputouksen

Hymyilevät kasvosi
Säteilevät rakkauttasi

Helena

182

LUOTA MINUUN

Vain sinun tahtosi

Kuin kuumailmapallo
nousee taivaalle

Lämmön vaikutuksesta
Niin sinun henkesi minussa,
se nousee, se nousee,
kohti valoa

Ei estä sitä varjot maan,
ei estä mikään kirkkauttaan
Se nousee ylle kattojen,
ylle pilvimassojen

Sun valosi hohde leikkaa pimeyden
ja jälleen näen valon sen,
joka synkkyyden tän puhkaisee

Jo aukeavat silmäni soenneet,
korvani kuulevat ylistyksen pauhun,
Kuin suuret vedet
se kohisee

Jeesus valoni lähde,
mä mukaasi lähden
Vuorillesi samoilemaan
kirkkaudestasi nauttimaan
En tarvitse mä aurinkovarjoa,

Sun kirkkautes ei polta
Se saa ihoni hehkumaan,
vereni kohisten virtaamaan

Sun läsnöolos tunnen,
se virtaa lävitseni

Unohdan itseni,
muutun päivä päivältä
kaltaiseksesi

Vain sinun tahtoosi,
taivutan itseni

Olen sinun

Helena

Milloinkaan ei ole liian myöhäistä

Tänään taas toivoisin,
että Olisit mukanani jokaisessa päivässäni

Tiedänhän kyllä sen,
en voisi olla ilman Sinua
tai muuten tuhoaisin sen sillan,
joka erottaa maan ja taivaan,
mutta nyt
aion ulos kaivautua sen sillan alta,
jossa olen ollut piilossa liiankin kauan

Toivoisin niin,
että saisin sen uudelleen,
kokonaisvaltaisen,
kaikessa luottavan,
uskoni Sinuun

Valtaisi minut taas kokonaan,
se, joka sisintä lämmittää,
sillä tiedänhän sen,
Sinä kyllä
annat kaiken,
onnistut aina,
otat sen omaksi minkä olet luonut

Parannat,
rauhoitat,

rakastat ehdoitta,
Olet aina minun puolellani
Ylistys sinulle kuuluukin aina,
jopa kaikkina arki aamuina

Lähestyt minua, kun minä lähestyn Sinua
Tarkoituksesi ovat ainoastaan hyvät

Kävellään yhdessä sillan päälle
Saan olla varma, että se vie pitkälle
Ylös asti,
enkä sieltä pudota voisi
Onhan ankkurina itse valtias Taivaan,
joka kiinnitti köytensä samaan paikkaan,
johon aikoinaan jätin
ensimmäisen viestin puoleesi

Se jätti merkinnän almanakkaasi
Tähän Minä tulen vielä palaamaan takaisin

Kerrot minulle
Tule mukaani niin Näytän sinulle,
että tiemme vie aina sinne asti,
jossa perustukset ovat vahvat
Missä Taivaiden valtakunta aina kantaa
Luota
Minä pidän kyllä Sinusta huolta

Milloinkaan ei ole liian myöhäistä
Tänään on oikein hyvä päivä   *Niina*

Harmoninen peilijää

Olen heikko, tiedän sen,
apuasi tarvitsen,
mutta en voi pelätä mitään
jos mieleeni lisään
Isä
Rohkeutesi ja voimasi,
turvasi ja linnasi

Saatan olla siellä missä
ketään ei näkyvissä missään,
jos yksin kuljen
niin sinua vain ajattelen

Joskus on mutkia matkassa,
mutta Minä kyllä pidän huolen omistani
Siis tartu käteeni vaan
Isä tässä avustaa

Sinun Isäsi korkeuksissa
kaikista paikoista parhaimmassa
Ajatuksesi jo arvatenkin
Suurimpia unelmiasi toteuttaen

Luota siihen, että vielä näät
sen harmonisen peilijään
Pettää se ei saa,
sillä vahvistan sen aina vaan

Sillä Sinä sen teet
aina uudelleen

Kuiskaten kuulen sen,
äänesi niin ihmeellisen
Se sanoo vaan:
Miten paljon sua rakastankaan

Niina

Luota minuun

Rakas, rakas lapseni,
minun aarteeni
Tahdon olla aina lähelläsi
vaikka esteitä tulisi eteesi

Älä siitä silloin huoli,
vaikka edessä olisi uusi vuori
Minä kyllä autan siinä,
vaikka olisit missä kiipelissä
Huomaathan,
että olen aina tässä

Nyt joen rannalla istutaan vaan,
mukavia jutellaan

Kerrot minulle meristä noista
kuohuvista kattiloista
Sitä kuuntelen
ja ajattelen,
miten tiedätkään kaiken sen

Katso! Tuolta tulee laiva!
Ai, se olikin vain pieni kaarnanpala

Tuulee
ja alkaa sataa,
minua viluttaa

Sanon sen silloin sinulle,
ei ole helppoa uskollisuudelle
luottaa aina vain sinun Sanaasi,
mutta Sinä sanot

Luota vain, niin näytän sen
ihmeellisen vapautuksen
ja mitättömiksi teen
pelkosi aiheet,
Vaikk` mitä tulisi,
Seison edessäsi,
Minun rauhani, sen minä annan
ja tuhoan kaikki vihollisen vallat

Aallot ne vain kuohuvat,
minua pelottelevat,
mutta Käskystäsi ne vaikenevat

Tyyneys astuu sydämiimme,
sillä kun Kätesi nostat vaan
niin alkaa tapahtumaan,
yhdessä kuljemme edeltä valmisteltuun turvasatamaan

Niina

Sinun rauhasi

Kuin tuulimyllyn siivet,
kohisevat ajatukseni,
nuo uhkakuvia luovat,
tavoittelevat jo myrskypilviä

Mietipä,
entäpä jos,
että jos olenkos
vääriä valintoja tehnyt,
ehkä omaa ääntäni
Herran ääneksi kuvitellut,
mielessäni huvitellut

Mylly pyörii eikä lepää,
kaiken levon rauhan minulta epää

Yhtäkkiä ymmärrykseeni hiipii totuus,
ei Herrani puhuisi minulle näin,
vihollinen se kääntää kaiken väärinpäin

Isä valheiden, mene pois!
Sun matkaasi en enää lähde
Pois käsken sinut ajatuksiani
myllertämästä
Sinä et voittoani estä!

Käännän katseeni Sinuun Herrani,

saan jalon voiton vihollisestani
Sinun rauhasi,
sen sinä annoit meille,
et lainkaan rauhaa tämän maailman,
vaan Rauhaa Pojan Jumalan

Mylly pyörimästä lakkaa,
ajatuksiani tarkkaan
Tutkin,
hutkin pois,
ajatukset, jotka huolia tuo,
lähden kipinkapin Jeesuksen luo

Puhdistat ajatukseni,
viivyt luonani,
Annat rauhasi

Rakas Mestarini

Helena

Minun karttani

Pyörin,
pyörin
pesusaavissasi

Hankaat minua
pyykkilautaa vasten

Riittääkö jo,
kysyn

Hymysi ulottuu korviin
ja rakastava katseesi saa minut sulamaan
Kyyneleeni sekoittuvat pesuveteen

Herrani en ymmärrä,
en ymmärrä

Puhut minulle
vanhurskauden hedelmistä,
kuinka ne kasvavat,
vain puhdistetuissa oksissa

Kuulen risujen ritinää,
kun karsit minusta,
niitä huonoja oksia

Herrani!

Juuri sellainen
tahdon olla
Puhdistettu oksa sinun viinipuussasi,
kaikkia hyviä tekoja varten valmis!
Herra sinun tekojasi,
Sinun sanojasi

Ulkokultaisuuteni riisutaan

Omavanhurskauteni,
sen heität pois
huuhteluveden mukana

Herrani

Suostun mihin vain,
kun vain teet minusta
Sen jalon astian
Sinun käyttöösi,
kun vain Sinä
saat muodon minussa

Helena

Uskoni riittää sittenkin

Epäuskoni jälkimainingit liplattavat vielä,
jos olisin jaksanut uskoa sinun olevan siellä,
minua vastassa,
olisin voinut niin paljon paremmin.

Herra, olen vuosia ollut uskollinen!
Olen vuosia ollut kuuliainen!

Herra anna minun nähdä, miten
Sinä palkitset ne, jotka uskovat,
jotka riippuvat sinussa kiinni,
vaikka saamme kantaa
sinun pilkkaasi.

" Lähestykää Herraa, niin hän lähestyy teitä",
opetat minua sanallasi

Tahdon nähdä ihmeitä!

Tahdon nähdä valtakuntasi ilmestyvän!

Tahdon nähdä uskonrippeideni riittävän,
perille asti!

Helena

Tule lähemmäksi

Saan olla sitä
mitä tunnen olevani,
saan olla siellä
missä minun kuuluukin
Isä Sinun reittejäsi
tahdon kulkea ilman vastustusta,
Sanot,
Minä olen tässä pysymässä
Vaikka joku heittäisi kivillä,
ei ole väliä sillä
Tulet muuriksi eteeni
ja Voimallasi
näytät niille,
minä kuulun Sinulle

Kerrot minulle
Huomaa,
hankalat ajat,
ne ovat mennyttä
Tästä lähtien kuljet käsi sydämellä

Siellä olen Minä,
Minä sinussa
Miten monta kertaa olenkaan
kutsunut sinua
Kolunnut kaikki paikat,
piilosta sinut löytänyt joka kerta

Omin käsin
koonnut yhteen palaset,
jotka hylätä uhkasit,
mutta niin kuin on tuhansia järviä
tässä maassa,
niin tahdon hukuttaa surut sinun päältäsi
Hoidan murtuneen mielen niin kuin myös väsymyksen
Anna otteen pitää,
lisää, tänään en pelkää

Et voisi tuntea mitään enempää,
sillä kaiken sait,
enemmänkin
Tule lähemmäksi,
Peräänny en
Ole sitä mitä sinun kuuluukin
Rakas lapseni

Niina

Kokoan sinut

Teen sinut onnelliseksi,
huolesi Otan omakseni,
murran väsyneen mielen säpäleet
tuhansiksi pienemmiksi palasiksi
ja kokoan niistä
jotain entistäkin parempaa,
ovathan sen ääriviivat
olleet mielessäni aina
ja Tiedän miltä se tulee näyttämään valmiina

Oi, tietäisitpä vain,
niin upeaa et ole nähnyt lain
Tarkoitan sitä,
kun sanon,
Haluan, että tiesi on aina huoleton,
sillä Minun kanssani
ei kohtaa sinua onnettomuus,
ei vitsat sinuun osu,
ei myrskytuulet sinua horjuta,
sillä pysäytän ne,
yhdellä Sanalla

Pois kaikki pahat aikeet
Se olen Minä, jolta saat kaiken,
vaikka joku kuiskuttaisi korvaasi:
Et ikinä voi, etkä miksikään tulla
Sellaiset väitteet

saavat osuman itse Luojalta,
sillä mitään Minun omaani
ei ilman seurausta pilkata

Siis heitä huolesi Syliini vain,
jätä kaikki tähän vahvaan kallioon
Se ei petä ikinä
ja tästä lähtien
rakkauteni eheyttää
rikkinäisestä täysin eheää, sillä kuin jää,
se jaksaa pitää paikallaan suuriakin määriä

Anna sen hoitaa sinunkin haavasi,
ne säpäleet, joiden takana piileksit
Tule esiin, rakas lapseni
Saat olla aivan oma itsesi
Saat tulla läheisyyteeni
palasista koottuna,
aivan uutena kokonaisuutena

Sillä sirpaleilla,
on kaikilla oma tarkoituksena,
oma aikansa eheytyä
Pienistä palasista,
niistä koostuu meistä jokainen,
niin Isä meidät loi,
mutta nyt ne kestävät mitä vain,
eivät rikkoudu, vaikka yritettäisiin hajottaa
Sillä Minä pidän sinut kasassa,
aina   *Niina*

201

Turvassa

On hyvä olla
Taivaan Isän kainalossa
Voin sukeltaa salaa
selän taa ja piiloutua kaikelta pahalta,
vaikka minua huudetaan,
ne tyhjiin kaikuvat

Ainut mitä kuulen,
on Sydämesi lyönnit
Niin rauhoittavat,
että nukahdan
Syliisi enkä pelkää,
vaikka mikä yrittäisi taivaalta sataa,
vaikka kaikki pilvet muuttaisivat väriä yhtä aikaa,
kun ruoho lakastuu ja maa värähtelee,
kun kaikkialle pimeys on itsensä kietonut

Silloin kertomukset käyvät toteen,
sillä se tulee minkä täytyy tulla,
mutta tiedän
olen suojassa,
tässä on hyvä olla

Kuin nalli kalliolla
olisinkin ilman Sinua,
huutaisin tyhjyyteen
ilman vastausta,

mutta minä olen Kanssasi
ja pysyn varmasti
Kerro sitten, kun on aika mennä,
tulen reppuselkääsi,
niin mennään yhdessä

Välität aina,
välität niin paljon, että
näen edessäni ainoastaan
peilityyntä vettä
ja kun katselen kaukaisuuteen,
huomaan ulapalta tulevat veneet,
kun kuulen sanomia sodista, ajattelen
Mitä nyt tapahtuu?
Autathan minua vieläkin,
Isä, Olethan kanssani?

Silloin tuuli tuo viestin
Olet oikeassa paikassa,
odota rauhassa, olet turvassa
Kristus kalliolla

Niina

Olet minun

Minun sanojeni aarrearkku
on täynnä kultarahoja

Katso vain hyviä
eikä lainkaan pahoja
ovat ajatukseni sinua kohtaan
Rauhan ajatuksia vaan,
posket pullollaan

Tahdon kuiskia sinulle
sanoja rakkauden
Tahdon huutaa ääneen sen
minun rakkauteni suuruuden

Se kaikuu syvältä,
se sinun kipuusikin asti yltää
Käsivarteni ovat hyvin pitkät
ne yltävät halaamaan sinua
Kätkemään sinut äidillisen
lohdutuksen huopaan

Silitän poskeasi,
kutitan silmäripsiäsi
Katso lapseni,
niidenkin määrä on minun tiedossani,
hiuksista nyt puhumattakaan

On helposti minun tiedossani
kaikki yksityiskohtasi
Nekin mitä haluat piilotella ja
syvään haudata

Nuo unelmien pellot,
katso jo soivat urut ja kellot
Saat astua sisään juhlasaliin,
kullalla koristeltuun
Annan sinulle sinettisormuksen
ja kuulutan

Kuulut vain minulle
kokonaan

Helena

Turvapaikkani

Kivikova mutta lempeä,
sisällä pelkkää hyvyyttä
Vahva kallio,
järkähtämätön,
sellainen Isä, olet Sinä

Et koskaan hylkää
vaan voin luottaa, nojata,
hyppiä vaikka päällä,
ethän Isä Sinä ole mihinkään lähdössä

Otat kaiken vastaan
sanomatta sanaakaan,
yli ymmärryksen tiedät
miten meitä koetellaan
ja yhteytemme yritetään
saada murtumaan

Olet kuin suurin muuri
jonka edessä polvistun
Kestät, Ollen vahvin kaikista
Käteni asetan Sinuun, luottaen

Ota minut vastaan,
pyydän, nöyrryn edessäsi tänään
En tiedä parempaa,
Sinuun turvaan,

vaikka takana tulisi joukko kasvavana

Olet niin hyvä,
että tänäänkin voin vain taputtaa
käsiäni yhteen ja iloita,
kun sain sinulta tuen ja turvapaikan
Näit vaivaa ja nyt se palkitaan,
sillä yksi omistasi on nyt oikealla paikalla

Siellä missä kenestäkään muusta ei ole vastustusta
Voin vaeltaa katsomatta lainkaan taakse,
sillä koko ajan edessäni
näen vain suurimman,
Sinut,
enkä halua enää kiertää

Tänään lasken yhteen kaiken sen,
jokaisen askeleen
ja ne taputukset
ja tiedän elämästä,
siitä olen nähnyt vasta aivan pikkuisen

Sillä kerrot,
edessäni on vielä suuria tulossa
Katson kuin laivan kannelta
kuinka maailma on avoinna

Sillä Sinä olet kaikkialla
ja pysyt ikuisesti
Onneksi saavuttaakseni Sinut

ei tarvitse etsiä,
sillä Isä Sinä
Olet aina ihan vierellä

Niina

Nostat minut

Missä olet Kuningas?
Missä olet Valtias?
Etsin sinua
En löydä sinua,
täältä alta sammalen,
enkä koloista kivien,
jonne kaaduin taas
rähmälleen

Ylpeyteeni kompastuin ja
taas harhaan astuin

Isä missä olet nyt,
kun olen ihan
väsymyksestä jähmettynyt?
Kai kiveksi kohta kivetyn,
apuasi tarvitsen nyt!

Rakas lapseni,
Minä,
Minä tulen sinne,
missä olet nyt,
sillä Minä tarvitsen sinua
Minä olen sinut kutsunut,
olet osa rakennustani,
omaa temppeliäni,
jossa Minä itse,

Olen kulmakivenä

Rakkaani rakennan sinusta,
jotain kaunista,
kun huusit minulta apua
Et sammaloidu et kivety nyt,
Sillä Minä,
Minä olen nyt ilmestynyt

Suunnitelmani toteutan,
viimeistä piirtoa myöden
Saat nähdä suunnitelmani toteutuvan,
sillä Minun kädenjälkeni sinussa,
on varma ja vakaa,
sen Minä takaan

En jätä sinua maahan makaamaan,
et sammaleita jää katselemaan
Nostan sinut korkealle,
kun nöyrtynyt olet,
väkevän Käteni alle.

Tule lapseni!
Hengitä syvään,
puhdasta raikasta ilmaa
Vien sinut niin ylös, että
päätäsi huimaa,
hissillä taivaallisella

Ruokin sinua,

Elämän leivällä,
hunajakuorrutteisella

Sillä tämä,
Uusi maa,
se maitoa ja mettä
kumpuaa

En alenna sinua milloinkaan,
sillä minä korotan ne,
jotka Minua etsivät
ja minut löytävät,
jotka minua avuksensa huutavat
ja koko sydämestään
Minulle antautuvat

Rakkaani kuljemme tietä yhteistä
Joka täynnä on kultalyhteitä,
kun kyynelin kylvät sä siemenen
pian uuden saat leikata riemuiten
ja kantaa sadon iankaikkisen

Helena

Etsin sinut

Mitä tarvitsen,
mitä varten täällä olen,
mihin riitän,
kelpaanko kenellekään?

Entä jos tähän nurkkaan jäisin?
Yltäisitkö synkän pilven läpi
tänne asti,
riittäisikö armosi,
minulle rikkinäiselle?
Ottaisit taas omaksesi,
Sanoisit: "annan kaiken anteeksi"

Ei kukaan minusta välitä,
on parempi ilman minua,
taidan painua takaisin kerälleni vain

Sitten ovi aukeaa
Ovenraosta heijastuu valo
Kysyt
Missä olet,
olen etsinyt sinua?
Anna äänimerkki,
huokauskin riittää puoleeni

Avaan silmäni nyt,
kun vihdoin uskalsin

Häikäisee,
näen ojentuvan Kätesi

Nousen kerältäni vaivoin
Tartun lujasti,
kätesi on niin turvallinen

Sanot
Siellähän sinä olit,
täällähän on ihan pimeää
Nouse vain ylös,
puhdistetaan päältäsi oljet pois
Kas noin, nyt on parempi
Tulehan takaisin kotiin,
sinua odotetaankin jo kovin

Tiedäthän, että
kaikki on anteeksi annettu
Pois pyyhitty,
kyyneleetkin,
niiden määrä laskettu

Vaikka tuntuisi, että kaikki hylkäisivät,
ettei millään ole mitään väliä,
Minä en hylkää sinua ikinä

Haluan löytää jokaisen eksyneen lampaan,
niin kuin sinut nyt
Tule mukaani, yhdessä on paljon parempi
Muista, olethan aina omani   *Niina*

Lupaukseni täyttyvät

Yritin kätkeytyä sinulta kallioluoliin

Sanoin: "En uskalla ",
mutta,
Sinun rakkautesi kutsu
kuului niin kauniina,
niin lempeänä

Sinä sanoit sanassasi
"Kyyhkyseni,
joka piilet kallionkoloissa,
vuorenpengermillä
anna minun nähdä kasvosi,
anna minun kuulla äänesi,
sillä suloinen on sinun äänesi
ja ihanat ovat sinun kasvosi."

Kuka voisi vastustaa sinua, Herrani?

Rohkaisin mieleni,
katsoen kutsujani
säteileviä kasvoja
ja lehahdin lentoon
niin hentoon,
aluksi hapuilevaan,
mutta kasvojesi katseleminen
sai minut voimaantumaan ja

vahvistumaan

Niinpä,

koin lupausten täyttyvän
ja näin itseni lailla kotkan lentävän.

Helena

Sinut palkitaan

Väärä hälytys,
se olikin vain väärinkäsitys

Luulin ensin sen olevan ilmaista,
mutta totesinkin sen olevan hyvin arvokasta
Ei minulla rahat riitä,
annoinhan kaiken jo eilen siitä,
säästöpossuni sisällöstä

Sitten kuulen äänesi
ja näen ojentavan kätesi
Kuulehan lapseni,
minulla on sinulle yllätys
Tänään saat vapaalipun tähän huvipuistopäivään
Se on sinun palkintomatkasi,
olethan sen ansainnut kuuliaisuudellasi

Se on palkinto siitä mistä
salassa Isä näki kyllä,
sillä vähästäsi annoit,
kun avunhuudot kuulit
Aina kaikestasi annat,
sen mitä pystyt
ja se koituu sinulle siunaukseksi

Ei sinulta silloin mitään puutu,
ei milloinkaan suusi kuivu

Kaikki mihin ryhdyt, menestyy
ja tulevaisuuteesi aivan hämmästyt
Niin paljon kuin annetaan,
niin paljon myös saadaan
Enemmänkin,
sillä yltäkylläisesti Haluan sinulle kaikkea antaa

Se minkä juuri näit,
kun lahjojani jaan
on arvokkainta mitä tiedät
Sitä ei mitata rahassa,
se on antamisen iloa,
lahjoen jakamista kaikille hyvää hyvyyttä

Hävetkää,
te rikkaat,
jotka ette nosta koipeakaan!
Ette tee mitään auttaaksenne toisten elämää
Teidän arvonne hupenee Silmissäni koko ajan
ja suuren suuret kuvitelmanne helposta elämästä
Teen selväksi,
se ei jää pysyväksi!

Minne menisimme?
Vuoristoradassa olisi hurjaa,
sieltä kuljettaja huutaa
Nyt kaikki tähän junaan!
Viimeinen saa parhaan paikan,
sillä tässä junassa kaikki viimeiset tulevat ensimmäiseksi
ja ensimmäiset viimeiseksi,

sinne siis
ja hattaranmyyjää hymyilyttää
Onhan hänkin siellä
hyvää hyvyyttään

Vedä narusta
Katso, sait kissan
Se kertoo kaikille olevansa huomenna tiikerin raidoissa,
sillä sen omistaja
on tänään saanut
loputtoman lottovoiton,
kaikki numerot oikein,
antoihan hän kaiken minkä voi
ja se, kuka ne saa,
kädet ristiin laittaa,

kiittää Isää,
itkee hiljaa,
että sai vielä tänäänkin leipää

Niina

219

Minä kannattelen sinua

Samaa taivasta katsotaan,
ihan jokainen
tässä maailmassa

Näemme,
kuinka taivaalla pilvet halkaiset,
kuin ovenraoksi tehden reitin keskelle
Sen suoran tien,
joka ei jää piiloon keneltäkään
Sen näkevät kaikki
ja minä mietin
Oi kunpa vain tuo ovi olisi aina niin lähellä,
kuin miltä se näyttää maan päältä

Sillä minä,
olenhan vain pieni lintu lentäen
Koko ajan ylemmäksi yritän,
ja vaikka toisinaan eksynkin reitiltä,
vaikka putoaisin
Tiedän,
ei minulle mitään kävisi,
sillä Sinä otat kiinni
ja päästät jälleen lentoon pehmeästi

Sellaista on
meidän pienten matkanteko,
mutta onneksi,

yläpuolella näen koko ajan Kätesi

Sinne suunnistan,
siihen ylettyä yritän
Voi, niin ylhäällä
ja kun katson alas,
maailma näyttää niin pieneltä,
sillä ei ole mitään suurempaa
kuin Sinä
ja me, kuin höyheniä,
niin heikkoja olemme kaikki
Emmehän voisi ilman Sinua
edes kantaa syntiemme painoa

Nyt
Yritän lentää niin kovasti kuin pystyn
En painolastista välitä
Päätän!
Lennän varmasti niin ylös,
kunnes Käteesi yllän!

Silloin kuulen sanat:
Jokainen, joka Minua etsii, löytää
Jokainen, joka huutaa Minua avuksi,
avun saa
Jokainen, joka tunnustaa,
Olen hänen Jumalansa,
hänet Minä korotan!

Hän saa kotkan siivet selkäänsä
Hän ei enää mitään pelkää
Ei horju hänen askeleensa,
ei pidättele pimeä
Hän voi luottaa täysin minuun,
lentää vaikka silmät kiinni,
sillä Minä Kannattelen häntä koko Voimallani

Tiedäthän, sinun
ei tarvitse kuin vilkaista,
vain vähän ylös ajatella
Huokaista apua
Oi Isä, auta minua
ja katso, kuinka silloin pilviharso tulee lähemmäksi
Se laskeutuu aivan alas asti

Ovi avautuu
Kutsut sisälle
Kotiisi, Taivaan Isälle

Niina

Tahdotko rakastaa

Tahdotko rakastaa,
tahdotko alttiuden kengät jalkaan,
kengät alttiuden, rauhan evankeliumin

Tahdotko,
kertoa minusta muillekin,
nääntyville,
janoisille,
noille nälkäisille suille,
jotka henkeään haukkoen,
kuin kala kuivalla maalla,
odottavat pelastajaa,
toivovat niin kovin,
kunpa pääsisin takaisin
jokeen virtaavaan

Tahdon käyttää sinua,
antamaan almuja,
ruokkimaan nälkäiset maan,
tiedätkö lapseni,
joka paikassa rakkauttani tarvitaan

Tahdon antaa sinulle tonneittain kultaa,
sillä jokainen sanasi,
olkoon täynnä rakkautta,
ne punnitaan, kultavaa`alla

Silitä, hoivaa väsymättä,
älä säästele,
sillä telttakankaassasi,
on yllin kyllin metrejä jäljellä
tehdään tilaa
siskoille ja veljille

Täyttyä saat rakkaudellani palavasti,
etkä koskaan uuvu,
eikä mitään sinulta koskaan puutu,
siiville väsyneille,
annan uutta voimaa,
siis rakas lapseni
ethän itseäsi soimaa,
sapattihetketkin on paikallaan

Uutta voimaa saat päivittäin,
sen lupaan sinulle näin

Siis! Tuulta päin!

Se kantaa!
Kotkan siivin käyt kohden vastarantaa

Helena

Valo mukanasi

Suuria säteitä näen tiellä,
ne taitavat olla uutta varten lähetettyinä

Sanoen
Kasva, kasva
Mene, mene,
nyt on aika lähteä liikkeelle

Sillä on aika jättää,
on aika mennä,
on aika tietää mikä meillä on tehtävänä

Kuule, kun Kerron sinulle
Turhuudet jätä
ja nouse ylhäälle
Ota mukaasi ainoastaan parhain osasi,
siis riisu kaikki rikat pois päältäsi

Sillä ilman niitä,
voit hengittää syvemmin,
voit nähdä tarkemmin,
voit antaa kaikkesi Minun käyttööni,
voit tuntea kuinka tuuli tuo mukanaan lisää ihanaa uuden
tuoksua,
lapsuusmuistoja,
metsästä poimittujen sienten tunnistusta

Muistan vielä,
kuinka jokaisen nimi piti ulkoa opetella
Niin kuin Isä,
Hän jokaisen meistä nimeltä kutsuu mukaansa
Hän tietää tarkalleen missä kukin on, mitä kenellekin kuuluu,
mitä tunnet tällä hetkellä,
mitä mielessäsi pyörii
ja metsässä virtaava puro,
se on tänäkin päivänä,
kuin luonnon oma ovi

Ovi sinne mistä käydään suoraan lapsuuteen sisälle,
missä rakennettiin kaarnalaivoja,
tikuistakin silta puron päälle
ja kun heitin kiven veteen,
miten se saikin hetkeksi
kaiken huomioni

Uppoaako pohjaan,
vai nouseeko ylös?
Miten renkaat muodostuvatkaan sen pintaan
Muistan, kun ihmettelin
ja kerrot minulle:

Niin kuin katsoit kiveä edessäsi,
niin olet sinäkin joka hetki huomion keskipisteenäni
Älä unohda, että käsivarteni yltää sinuun edelleenkin,
niin kuin silloin kun Otin kiinni,
kun melkein jouduit virran viemäksi

Niin
ja minä muistan,
kun heinäpellollakin juoksin
niin huolettomasti,
silmät kiinni,
tunnen vieläkin sen tuulen kasvoillani,
heiniä hiuksissakin
ja kun maa jalkojen alla
se muuttui yks kaks hienommaks
Niin pehmeää rantahiekkaa,
Isä Sinun mereesi juoksin suoraan
Anna vaahtopäidesi tänäkin päivänä minut puhdistaa,
sillä suuret säteet osuivat minuun silloin
ja osuvat myös tänäänkin
Ne samat säteet,
Isän rakkauden

Ne nostavat minut kuin ylös taivaisiin
ja hetkeksi voin unohtaa ajankulunkin

Mietin, miten voikaan olla mahdollista,
että tämä kaikki on oman Isäni aikaansaamaa
Etkä ketään meistä ole unohtanut
hetkeksikään, vaan kaikille
haluat antaa juuri sen mitä tarvitaan
ja nyt sen päätän,
lähden,
Ilman mitään turhaa,
sillä haluan mukaani
vain ja ainoastaan valoa   *Niina*

Kuljen edelläsi

Uudet tuulet puhaltavat,
tuovat sateet tullessaan
Ne sammumaan saavat
nuo epäuskon nuotiot,
nuo pohjattomalta tuntuvat kaivot,
joihin vihollinen
yritti minut hukuttaa

Ei!
Henkeäni et voi nukuttaa

Jumalan Henki minussa,
se ulospääsyä odottaa
Tunnen sen
odotuksen tunteen,
kun Sinä kohta korkin avaat
ja virta sisältäni pulppuaa

Herrani
Olet niin Ihmeellinen!

Kuitenkin
Olen saanut nähdä
vasta viittasi liepeen
vyötärölle asti

Miten kauniit mahtavatkaan

olla kasvosi, Herrani!

Silloin katsot minua
kasvoin säteilevin

Rakkaani rakastan sinua,
ihailen sinua,
olethan osa minua,
suurta suunnitelmaa,
joka ei ole vain kuvitelmaa

Katso suojelen sinua kilvelläni
ja valmistinhan juhlapöydänkin
keskelle vihollisjoukkojen
Sielläkin kuulla saat vain
lintujen liverryksen

Rakkaani, luotathan Minuun
Mahtavaan
Ikiaikaiseen

Sä minne vain meet,
kuljen edelläsi harppoen
ja tasoitan polkusi
En koskaan jätä sinua en

Olet täydellinen minussa,
oma silmäteräni,
vailla virhettä

Näen sinut
vereni lävitse
Et itse
puhdistumaan kykene

Siis ylistä, palvo minua rakkaani,
niin minä kannan taakkasi

Vuorenvarmasti,
perille asti

Helena

Kohti uutta

Nyt sen nään,
sen punaisen narun pään,
jota olen etsinyt jo pitkään

Alan seurata sitä,
kävelen ilman sukkia, avojaloin
Ruoho kutittaa jalkapohjaa,
jännittävää mihin tie johtaa

Astun tielle uudelle,
avaan oven mahdollisuudelle

Herra sinun kanssasi,
kuljen matkaani

Kerin lankaa punaista,
en kanna
mitään taakkoja yksin,
sillä
käsityksin kuljen
kanssa siskojen ja veljien

Näen niityn vihreän
ja jälleen tunnen sen

Sykkivän

Elämän

Herra Sinä minussa
ja minä sinussa

Olemme me
Lähdemme uudelle kierrokselle

Odotan,
uuden lähteen puhkeavan

Jo näen edessäni,
sulaa kultaa on voitelusi

Se elää minussa,
niin kuin minä Sinussa
Se virrata nyt saa
ja pian vapaana on koko tää maa

Kiitos Isäni ihmeestä tästä,
kiitos
elämästä Kanssasi

Jatkan kerien matkaani
Kohti uutta

Helena

233

Täytit kaipuuni

Lippu kädessä,
avaimet edessä,
Sinä voit kaiken edeltä nähdä

Mihin menen,
minkä oven avaan,
mihin suuntaan tänään
vai pidänkö lepopäivän?

Vai avaako joku oven tänään
ensimmäistä kertaa?
Siten,
että kaikki kaipaus
sulaa lukon pesään
Kerrot hänelle,
ei mitään hätää enää,
nyt pääset vihdoin lepäämään

Sillä Herran Henki
lepää ylläsi
Kuljet leijuen,
niin kevyt on askeleesi
Hymyilet jatkuvasti
Mitä kummaa, kysyvät kaikki,
mitä on tapahtunut,
missä on surupukusi

Kerrot
Tänään olen matkalla
en tiedä vielä minne,
mutta sen tiedän,
Isä näyttää kyllä tieni perille
Voin luottaa täysillä Häneen,
sillä enhän enää pelkää,
pimeänkin tultua
näen vain valoa ympärillä

Se loistaa aina kohti
sitä rajaa,
missä vaihtuu päivä ja yö salaa
Missä pelko yrittää ottaa vallan
sanoen:
Nyt varmasti tapahtuu jotain kamalaa

Ei, en enää kuule mitään sen muminoita,
vaan katson kohti
selvää,
Kirkkainta valoa
ja kun on kädessäni lippu
ja edessä avainnippu
Silloin matkani on suojattu

Kysyn vain Sinulta,
mikä on oikea avain
ja asetan lippuni ovelleni
Siitä ei pääse kukaan,
ei mikään ohitseni

Sillä Herran Henki
Se pysyy
hänen ja jokaisen päällä,
joka otti ja avasi
oven taivaaseen asti

Niina

Olen vapaa kulkemaan

Sun kanssas Jeesus nyt oven sulkien,
mä lähden matkaan nyt
eteenpäin kulkien
Suljen oven tuon menneisyyteni haudan,
naulaan oven päälle vielä laudan,
tänne palaa en

Sinä sovitit sen,
ihan, ihan kaiken
Maksoit hinnan verisen

Nyt iloiten lähden matkaan
Sydän kevyenä kuin höyhen
Ei paina teot, ei menneet
Ne sinä siirsit
pois
Ei jäljellä ole mitään
Siirsit ne niin kauas,
kuin lännestä on itään
Upotit taakkani meren syvyyksiin

Rakastat mua paljon niin
Jo Sanassasi sanottiin,
että kaikki tekoni sovitettiin

On rakkautesi kuin vene ulapalla,
se kantaa mua niin vakaasti
Kohden auringon siltaa matkani käy,
ei huolia murheita missään näy

Vesi kimmeltää kauniina,
kuin kristalli kuin lasi
Sinun sanoistasi,
sain uuden elämän

Lepo ja rauha sinussa,
on jotain valtavaa
En ole koskaan tallaista kokenut
En edes uskonut,
että rauhaa niin syvää,
jotain hyvin pyhää,
voisin kanssasi nauttia

En vaihtaisi sinua pois,
en mistään hinnasta

Sinä sanoit

Se on täytetty
Kaikki on maksettu

Olen vapaa
Kuin lintu taivaan   *Helena*